ひとり 斎藤一人

奇跡連発 百戦百勝

舛岡はなゑ

ロング新書

はじめに

この世は不思議だらけ、謎だらけ。
ピラミッドだとか、血の涙を流すマリア像とか、科学では解き明かせない謎がたくさんあります。

でも、わたしにとって一番の、最大の謎は、わが師匠・斎藤一人さん。

出会った当初から一人さんは不思議な人だったけれど、弟子になって長い間ずっとそばにいてもなお一人さんは謎のかたまりで、ホントにとっても不思議な人です。それも、ただの不思議じゃない、そんじょそこらの代物とは全然まったく違う。

わたしは、そのことを、どうしてもいいたくて、いいたくて、しょうがありませんでした。
そして、「もう、黙っていられないっ！」という感じになったとき、実に絶妙なタイミングで、ロングセラーズの真船社長から執筆のお話をちょうだいしました。

これは、みんなに話しなさい、という天の声だ——と、わたしは勝手に解釈し、この際、思いっきり一人さんの不思議なとこを書いちゃおう！
そう決定した次第です。

というワケで、みなさま、どうぞ、楽しんでお読みください。

舛岡 はなゑ

・目次・

1 不思議すぎる人、斎藤一人

2 奇跡連発！　百戦百勝

スペシャル付録

一人さんと舛岡はなゑ　師弟対談

スペシャル付録
斎藤一人「楽しい万病一元論」

第1章

不思議すぎる人、斎藤一人

一人さんと〝バイオハザード〟

「斎藤一人さん」というと、みなさん、それぞれ「一人さんってこういう人」というイメージをお持ちだと思います。

精神的な本を一人さんはたくさん出しているので、おそらく、それ相応のイメージを、みなさん、抱いていらっしゃるでしょう。

ただ、一人さんに限らず、どんな場合もそうだけど、イメージと現実は若干違ってたりするのがこの世の習い。

たとえば、一人さん、「バイオハザード」っていうゲームにほんの一時期、ちょこっとだけハマってました。

おそらく今、「えっ」って、驚かれた方も多いのではないかと思います。

「一人さんはスゴい精神的指導者なのに、なんで!!」って。

それはバイオハザードが、コンバットナイフであるとかショットガン、火炎放射器、ロケットランチャーとかいろんな武器を使って、様々なモンスターを倒していく、過激なアクションゲームだからですよね。

その世界と精神的な世界が相容れないものだから「なんで!!」って。


元々、バイオハザードは、わたしたち、一人さんの弟子たちで、ワイワイいいながらやってました。純ちゃん（千葉純一さん）なんて、アイテム（武器）を持ち過ぎて動けなくなっちゃって。

「それだから純ちゃん、ダメなんだよー」

みんなで盛りあがってました。

そしたら、最初はまったく興味なさげだった一人さんが、わたしたちのほう

を向いて、

「ちょっと、それ、オレにも貸してみて」


それで、やりだしたら、一人さん、もう夢中になっちゃって。

まるで子どもみたい、ゲームの登場人物の動きと一緒に自分の体を動かしながら、「クッ、クッ」って、いいながらやってるんです。

一人さんがあまりにも「クッ、クッ」って、力入れてやってるものだから、わたし、もうおかしくて、おかしくて。

「ちょっと、一人さんさぁ」

一人さんのそばに行って何気に画面見たときに、わたし、目が点になった。思わず、「なに、それぇーー」って、声を張りあげてしまいました。

なぜかというと、ふつうは、ゲームがスタートした時点ではコンバットナイフだけだけど、途中でピストルとか、ロケットランチャーとか、いろんなアイテムを持って戦うんです。

でも、一人さんはそれをあえてしない。

コンバットナイフだけでずぅーっと敵と戦ってるんです。

ありえない！

最後の最後までずっと、コンバットナイフだけで行ってしまったんです。それだから、「クっ、クっ」って力が入っちゃったんですね、一人さんは。

最後までコンバットナイフだけ、これって絶対、ありえないことなんです。

こんな人、世界で一人さんしかいないと思います。

でも、どうして、一人さんはそんなことするんだろう？

そう思って、ナイフしか使わない理由を、後で一人さんに聞いたら、またまた驚きです！

一人さん、笑って、こういいました。

「アイテム使ったら簡単に勝てちゃうじゃん。つまんなくってヤだよ、そういうの」

わたしたち弟子は全員「ほぉう」って。

それは、常識を超えた師匠の戦い方に感動したのが半分。

残りの半分は、たかがゲームに大の大人がそこまでムキになってどうする、っていう(笑)。

まぁ、一人さんのそういうヤンちゃなところも、わたしたちは大好きなんですけど。

ただ、あんなに夢中になってたバイオハザード、一人さん、すぐ飽きちゃいました。なんでも、そうなんです。

一人さんは、基本、好奇心旺盛。

難しいことに挑戦することが大好き。

でも、最初は「楽しい、楽しい」ってやっててても達成すると、すぐ飽きちゃって「なんか、難しいこと、ないかなぁ」ってはじまるんです。

そうすると、「仕事でもするか」って、せっせ、せっせと仕事をやりだす。

そして、「やっぱり、仕事が一番、難しくておもしろいや」って（笑）。

おもしろいでしょ、一人さんって。

発想がふつうじゃないんです、ウチの師匠は。

一人さんの瞬間芸術

〝あそび〟といえば、最近、一人さんは一人さんファンの方たちと一緒に楽しんでやっていることがあるんです。

みんなで「愛の詩《うた》」を作ってます。

毎朝、一人さんからお題が出るので、それにそって家族や友人への愛であるとか、郷土愛、好きな人への思い等々を詩にする。

そして、他の人の「愛の詩」に対して、必ず「それいいね～」と口に出していう。

というルールの下で、愛の詩、やってます。

一人さんが「愛の詩」を始めた理由は、どんな詩にも「それいいね～」っていう。「こうすれば、もっといいね」なんて、絶対にいわない。

必ず、「それいいね〜」っていう、人をほめる練習なんです。

それと、朝一番に「愛の詩」を作る。一日の始まりが愛から始まる。

それって、素晴らしいと思いませんか。

やっぱり、一人さんの〝あそび〟って深いです（笑）。


すごく楽しいので、ぜひぜひ、一人さんやわたしたち弟子のホームページをチェックしてみてください（ホームページURLは巻末にご案内しています）。

みなさんの愛の詩、とっても素敵なんですよ。

もちろん、一人さんの愛の詩もめちゃくちゃいいです。

一人さんは事業家である以外に、著述家、精神論者、いろいろな顔を持つ人ですが、わたし個人としては〝詩人〟というのも加えたいと思ってます。

詩も一人さんは上手で、しかも一瞬のうちに作るんです。

「今日はこのお題で愛の詩を作るよ」といったら、もう詩ができてる。

ホントに瞬間ワザです。

わたしなんて、お題が出てから「うーん」って、頭をひねってひねって、やっとできるのに（笑）。


ところで、一人さんが作った詩で、一人さんファンの間でよく知られているものに「仁義」という詩があります。

この「仁義」は、元々、ウチの真由美ちゃん（一人さんのお弟子さんの一人、宮本真由美さん）が一人さんに「作って」と頼んで、書いてもらった長文の詩なんですね。

これも素晴らしい詩です。

声を出して読みあげると、自分のなかからパワーがあふれ出てくる、そんな詩です。

仁義

作／斎藤一人

たった一度の人生を
世間の顔色　うかがって
やりたいことも　やらないで
死んでいく身の　口惜しさ
どうせもらった命なら
ひと花咲かせて　散っていく
桜の花の　いさぎよさ
一度散っても　翌年《よくとし》に
みごとに　咲いて満開の
花の命の素晴らしさ
ひと花どころか　百花《ひゃくはな》も

咲いて咲いて　咲きまくる
上で見ている　神さまよ
私のみごとな　生きざまを
すみからすみまで　ごらんあれ

この「仁義」という詩も、真由美ちゃんが「作って」といった瞬間、パッと一人さんの頭にあの長文の詩が浮かんで、「できたよ」って。

そして、その場で一人さんは「仁義　たった一度の人生を……云々」といった言葉を真由美ちゃんが書き取って、それでできた。

ホントに、あっという間にできたので、わたしたち驚いたんです。

ところが、不思議なのは、あとから、「一人さん、あの仁義の詩、もういっぺん、いってみて」と頼むと、一人さん、ほとんど覚えていないんです。

むしろ、わたしたち弟子のほうが覚えてる。

ふつう、自分が作った作品には愛着があるから、全部は覚えてなくても、ある程度は覚えてるはずなんですけど、一人さんは忘れてしまってる。

いったい全体、一人さんの頭のなかは、どうなっているんでしょうか。

わたしには不思議で不思議でしかたがありません。

謎の〝牛の乳しぼり〟現象

一人さんとドライブしてる途中、ふらっと入ったお店やなんかで突然、一人さんが熱弁をふるったりすることがよくあります。

ホントに、相手のことを思って熱く語っています。

一人さんって、人が不幸にしてると放っておけなくなっちゃう性格なんです。

相手が初対面の人でも、「この人は放っとけない」と思うと、一人さんは全力で、何時間でも一生懸命、その人のために話をします。

出発からずっと車中でわたしたち弟子に、一人さん、いろんな楽しい話を聞かせてくれてます。そのうえに、偶然会った人だろうが、何だろうが関係なく、熱弁をふるってる。

しかも、その話は、二〇年以上ずっとそばにいた弟子のわたしがはじめて聞く話だったりもする。一人さんの軸足は昔も今も変わらないけど、話してる内容は新しくて、斬新、新鮮。

そんな話を考えて、熱弁ふるうって、ふつうだったら、相当、疲れると思うんですけど。

でも、一人さんは全然、なんともない。むしろ、その人たちの前で話をしだすと、段々イキイキとエネルギーがみなぎってくるから不思議。

カゼで鼻もグジュグジュで、喉もガラガラだったりしているときでも、ひとたび話しだすと、「さっきまでの一人さん、あれはなんだったの!!」っていうぐらい元気になっちゃう。

わたしは最初、一人さんがみんなに気づかって元気そうにふるまってるのかなと、思っていました。

だから、「一人さん、大丈夫？」って声をかけたら、なんと！

「オレは人が好きなの。人が喜ぶのが好きなの。だからオレは、つらくもなんともないよ」

一人さんはそういうんです。

あぁ、ウチの師匠はなんてやさしい、なんて謙虚な人なんだろう――そう思っていたら、その後に一人さんがこういった。

「オレ、自分を犠牲にしてるとか、じゃない。いわなきゃいけないことが、突きあげるように出てきちゃうんだよ。

その、いわなきゃいけないことが前日の晩、オレに浮かんで、すぐ満タンになってきちゃう。

で、それを伝えないでいると、牛の乳しぼりじゃないけどさ、苦しくなってくるの。たまった乳しぼんないと、牛は病気になっちゃうじゃん。

それと同じなんだよ。オレ、そういうときは、ちゃんと伝えないと苦しい。おっかしいだろ。でも、ホントなんだよ」


夜の間に満タンになってくる。それって一体、何なの？ って思うじゃないですか。

さらに、もっと不思議なのは、一人さんの行くところ、行くところに、前の晩にたまった、その話を必要としている人が待ってる。一人さんがそうやっていうんです。

「オレの話を聞く人が、なぜか待ってるんだよ」って。

ますます頭がこんがらがってくるんですけど。

でも、現実に起きた現象が、確かに一人さんのいう通りなのです。

本当に一人さんの向かう先に、なぜか待ってるんです、一人さんの話を必要としてる人が。

どういうことかというと、一人さんが車を運転してると、いきなり、「今日はどこそこに行くよ」っていうんですね。

そしたら、「はい、わかりました」って、わたしたち、ついて行くと、一人さんはそこにいる人の顔を見て、それで、話しだすんです。

そのときの一人さんは、下書きでもあるんじゃないかしら？　と思っちゃうぐらい、次から次と口から新しい、若々しい言葉があふれ出てくる。

それで、聞く側はまったくの初対面で、話してるのが一人さんだっていうことを知らないで聞いてたりもするのだけど、

「今日はなんてついてるんだろう！　わたしがずっと知りたかった答えを、まさか今日、今ここで聞けるとは思ってもみませんでした」

必ず、大感激して、みなさん、そういいます。

その人たちは一人さんの話を必要としていた、ということですよね。


こういう場面を何度も何度も見ていると、どう考えても、ただの偶然とはいい難い。

だから、わたしは「不思議だ、不思議だ」っていうんですけど。

でも、一人さんは小さいときからそういうふうに生きてたから、一人さんにとっては当たり前なことで、不思議でも何でもないらしい。

わたしが「そんなことがあるの、一人さんだけですよ」といったら、一人さんは一瞬、ちょっと驚いた顔をして、「へぇ、そうなんだ」って。

「一人さんって、おもしろいよなぁ」

まるで人ごとみたいに自分のことをいうんですよ、ウチの師匠は。

そこで、わたしが質問するんです。

「どうして、一人さんにはそういうことが起きるんですか?」

「何かの不思議な働きかけがあって、そうなるんじゃないですか?」

こちらがいくら聞いても、どんなにねばっても、一人さんは「知らない」「そんなこと考えたこともない」「興味ない」それしかいいません。

この一人さんの反応、どう思います?

ますます、におうでしょ。

わたしは、一人さんには何かあるような気がする。

わたしの推測ですが、何かの〝大いなる存在〟が伝えたいことを一人さんの頭に出し、その話を聞かなきゃいけない人を一人さんの目の前に出してくれているのではなかろうかと。

もっというと、誤解を恐れずにいうと、一人さんは何かの〝大いなる存在〟に選ばれた人じゃないかと、わたしは思うんです。

旅先の、一人さん不思議秘話

一人さんとお弟子の仲間たちとでよく旅をするのですが、一人さんと旅をしていると、常にホントに不思議なことが起きます。

たとえば、これは、全国にある白山神社の総本宮・白山比咩《しらやまひめ》神社（石川県）をお参りしたときの話です。

みんなで参拝したときに、ちょっと、一人さんの様子がおかしかったんです。

「あれ？　一人さん、いつもと少し違うな」という感じがしました。

それで、わたし、後で一人さんにたずねたんです。

「お参りしてたとき、何かあったんですか？」って。

一人さんは最初、口を割ろうとしなかったのですが。

わたしは一人さんの目をじっと見つめ、一歩も引きませんよと、目でうったえつつ、「何があったか教えてください」そう申しました。

そしたら、「たぶん、信じられないと思うけど……」と、一人さんは前置きしてこういいました。

「古事記やなんかに出てくる、イザナギとイザナミっていう神さまのこと、はなゑちゃん、知ってるかい」

「はい。イザナギとイザナミって、夫婦の神さまでしょ。だけど、奥さんのイザナミが火の神を産んで亡くなって、黄泉の国に行っちゃって。

イザナギはイザナミに会いたくて黄泉の国に行ったら、そこでイザナミが醜い姿になってるのを見て、イザナギは怖くなって逃げ帰ってきた、っていう」

「そのとき、イザナギが『長い間夫婦だったのに、こんな別れ方して嫌だな』といったら、ククリヒメという神さまが出てきて、イザナギの耳元で何か囁いたんだよな。そしたら、イザナギは『あぁ、そうか』といった。古事記に、そう書いてあったろ」

「一人さん、今、思い出した。そのククリヒメ、白山比咩神社の御祭神だ」

「うん。それで、ククリヒメがイザナギに何をいったかは、誰にもわからない。それは永遠の謎といわれてるんだよ」

「確かに、古事記には書いてなかったなぁ……」

「白山比咩神社をお参りしたとき、オレ、そのこと思い出して聞いたんだよ、

『あのとき、イザナギに何をいったんですか?』って」

わたしはゴクリとかたずを飲み、「で、一人さんは教わったんですね」

一人さんはうなずいて、こういいました。


「オレの耳元で『ククリヒメ、ククリヒメ』って、二回いった」


わたし最初、一人さんが何をいってるかわからなかったんです。だって、常識的に考えて、「ククリヒメ、ククリヒメ」って、質問の答えになっていない。

ところが、一人さんは「オレはあれで、わかった」って。

どんなに驚いたことか!

みなさん、わかっていただけますよね。


一人さんは、すずしい顔をして話を続ける。

「じゃあ、あの『ククリヒメ、ククリヒメ』と二回いった、というのは、どういうことなんですか？　ってことだよな。

ククリヒメとは、『くくる』という意味なんだよ」

「くくる？」

「そう、くくる」一人さんはそういうとニコっと笑って、「イザナギとイザナミは、あの世とこの世で離れちゃったろ」

「はい、縁が切れちゃいましたね」

「縁が切れちゃっても、あなたに向こうにいる奥さんを思う気持ちがあるなら、切れたものはくくれるんですよ。

その〝くくる〟ということをする神がわたし、ククリヒメなんですよ、って。

それをイザナギに伝えるのに、『ククリヒメ、ククリヒメ』と二回いった。

そしたら、イザナギは『あぁ、そうか』って。

もし、この世と、あの世と別れ別れになった人がいても、自分が思っていれば、伝えてくれる神さまがいるって、素敵なことだよね」

一人さんの話を聞いて、「へぇ、なるほど」と思ったんです、わたし。

ただ問題は、なぜ一人さんに言葉が出て、その意味がわかるのか。

みなさん、興味津々でしょ。

もちろん、わたしも知りたくて、一人さんに聞いてみました。

ところが、例によって例のごとく、一人さんは「知らない」「そんなことは、どうでもいい」と一歩も譲らず。

あとね、京都の松尾大社へお参りにいったときも、似たようなことがあったんです。

確か、三、四年前のことだったと思うのですが。

お参りしてたら、一人さん、「はっ！」とした顔をして、小さな声で何か、わたしたち弟子以外の人と言葉を交わしてるような感じでした。

それでまた、後で「何があったんですか?」って聞いたんです、わたし。

そしたら、一人さんはこういいました。


「オレのことを叱る言葉があったんだよ。それは、たったひと言、『せいめいよ』って」


わたしは一人さんが何をいっているのか、全然サッパリわからない。

「そのひと言で、一人さんはわかったんですね」

わたしがそういうと、一人さんはうなずいて、

「オレ、今まで本でも講演でも、明るい話しかしてこなかっただろ」

「ええ……。もしかして、そのことを叱る言葉だったんですか?」

「あぁ。お前、ちゃんと陰陽のバランスをとりなさい、陰陽のバランスがとれ

た話をみんなに聞かせないといけないよ、って。それが、『せいめいよ』という言葉の意味なんだよ」

松尾大社での一件、一人さんに説明してもらっても、?・?・?のわたしたち。無理くり自分を納得させたところで、

「ところで、どうして一人さんにはそういう不思議なメッセージがきて、なおかつ、一人さんにはその意味がパッとわかるんですか?」って。

今度こそはと思って、わたし、聞いたんです。

わたしのツメが甘いのか、わかんないですけど、最後の最後に「もう、この話、やめよう」って、一人さんに逃げられてしまう。

一人さんは、いつだって、そう。

わたしが、何を聞いても、どうやったって、肝心のところは聞き出せないの

です。

それでも、わたしはメゲない、「いつか、きっと」と思っているのだけど……。

一人さんから光が！

みなさん、「あの人、輝いてるね」とか、「オーラがあるね」とか、いうじゃないですか。

わたしは霊的な能力がない人なので見たことはないのだけど、見る人が見ると、本当に人間から光が出る。

じゃ、その光って何ですか？　っていったとき、一人さんはこういうんです。


たとえば、ここに扇風機があるとする。電源にコンセントを差し込んでスイ

ッチオンすると、扇風機が回る。
要は、電気があるから、扇風機は回るんだよ。
だから、「扇風機はモーターで回ってる」というのは違うんだよ。
モーターがあっても、電気がなきゃ、扇風機は回らない。そうだろ？
人間もそれと同じなんだよ。
オレたちは全員、宇宙から魂という生命エネルギーをもらってるから生きてられる。
そのエネルギー、魂とは、天からもらった光。
その光が大きくなって体からあふれたのが、オーラなんだ。
本来、オーラというのは、なかから光があふれ出て、光につつまれる。
わかるかい、オーラのなかに人がいるんだよ。
人がオーラのなかにいて、守られてるの。

この話も不思議ではあるけれど、もっとスゴい不思議なエピソードがあります。

何がスゴい不思議かって、もちろん、ウチの師匠なんですけれど。

いつだったか、みんなで一人さんの車に乗ってドライブをしてて、軽井沢のとある有名な神社さんにお参りしに行ったときの話です。

いつものように、何気にさりげなく、一人さんがそこの神社さんにパワーを入れていました。

その様子を、そこの宮司さんがたまたま目撃してしまったようなのです。そして、ふだんは閉じたままの本殿の扉を開け、

「なかへお入りください」

宮司さんが一人さんにそういうのです。

突然の出来事に、わたしたち、お伴の者も、いったい全体これはどういうことかと驚いたけれど、一人さんも一瞬、ビックリした顔をしてました。

「どうぞ、さぁ、どうぞ、こちらへ」

「あ、ありがとうございます。じゃ、おじゃまさせていただきます」

宮司さんの案内で、一人さんもわたしたちも本殿に入れさせていただきました。

「わたしは、そんな大した能力はもってませんが、そちらの紳士から、素晴らしい光が出ているのを見まして……」

宮司さんは少し興奮気味にそういいました。

「そちらの紳士」って、もちろん、一人さんのこと。

一人さんから素晴らしい光が出てる——そういわれるのは、別にはじめてのことではありません。

昔からそういうことをいう人がいたし、今もそうなんですね。なかには、一人さんと会った瞬間、魂が洗われたうれしさのあまり感極まって泣きだす人もたくさんいます。

だから、宮司さんと会うずっと前からわたしは「一人さんから出てる光は違うんだな」と思ってた。

ただ、わたしが「えっ！」と思ったのは、宮司さんが一人さんのことをこう呼んでたんです。

「ごんげんさま」

わたしの聞き違いではありません。

確かにそういいました。

ごんげんさま？　何だろう――わたしはそう思ったけれど、宮司さんは一人さんに話したいことがたくさんあるらしく、いろいろ話してくださって。
なので、そのときその場では質問できなかったんです。
でも、スゴく気になるじゃないですか。みなさんもそうでしょう。
だから、その神社を出た後、わたしは一人さんに聞いたのです。

「あの宮司さん、一人さんのことを『ごんげんさま』と呼んでたけど、アレってどういう意味ですか?」って。

「神の化身とか、仏さまが人々を救うために、仮に日本の神さまの姿になって現れた人を〝権現《ごんげん》さま〟というらしいけど……」

一人さんはそういいつつも、「けど、宮司さん、オレのこと、そんなふうに呼んでたっけ?」と。

「アレっ、一人さん、聞こえなかったの? 『権現さま』っていってましたよ、あの宮司さん」

わたしの顔を不思議そうにながめ、「そうかぁ。オレ、はなゑちゃんにいわれて、はじめて知った」と、一人さんは笑ってる。

わたしはもう力いっぱい、自分の聞き間違いじゃないことを主張して、そしていいました。

「なんで、あの宮司さんは一人さんのことを『権現さま』って呼んだのかしら?」

ところが一人さんは、「オレ、宮司さんじゃないからわかんない」って。

「それは宮司さんに聞いたほうがいいと思うよ。ただし、あの宮司さん、話したいことが山ほどあるみたいだから、そのつもりで覚悟しときなよ、はなゑちゃん(笑)」

「……」

「おいおい、どうした？　さっきの勢いは」

「いえ。宮司さんだってお忙しいでしょうから、質問は控えないと、と思って（笑）」

「じゃ、ウマい蕎麦でも食べに行くか」

「はい！」

わたしたちを乗せた車は、一路、蕎麦屋さんへ。

そんなワケで、ことの真相は今もって謎のベールに包まれたままなのであります。

秩父観音参りの衝撃

わたしたち、一人さんとその仲間たちは、よく観音参りに出かけます。そこでもまた、いろいろなことが起きるんですね。

たとえば、秩父の観音参りにいったときの話です。かなり前の話だけど、よく覚えてます。それぐらいセンセーショナルでした。三一番札所で、白い服を着た集団と会いました。パッと見ただけで、どこかの宗教団体さんだな、というのが明らかにわかる、そういう集団です。

そのうちの一人が、意識を失って倒れちゃった。何かよくないものがついちやって、地面に横たわってました。

そして、その人のお仲間が周りに集まっていて、心配そうな顔で見守ってる。

倒れた人のすぐそばには、その団体のリーダー、教祖さまなのか何なのか存じあげませんが、とにかく一番エラそうな方が一生懸命、おがんでいました。

そうして五分経ち、一〇分経ちして、おエラい方がどんなに一生懸命おがめども、おがめども、全然埒《らち》が明かない。

倒れた人はずっと横たわったまま、ピクリとも動かないんです。

倒れちゃった人、かわいそう。どんなにエラい方ががんばっても、全然、成果が出ないのも、何だか、気の毒なような気がしたし。

だから、わたしたち、一人さんに「なんとかしてあげて」って、いったんです。

そしたら、一人さん、「……。そうだな、じゃ、やるか」って、その集団から二メートルぐらい離れた場所にすっと立って。

一人さんが印を結び、何かの言葉を唱えだした、その直後、ホントもう一瞬でした。

倒れた人の意識が戻ったんです。

お仲間の人たちは大喜び、「よかった、よかった」って。

ところが、お仲間のなかの誰かが一人さんを指さして、「あの人よ、あの人が助けたのよ」って。

一斉に、人々の視線が一人さんに集中。

一人さんは、「わたし、何も関係ありませ〜ん」みたいな顔をして、向こうのほうに見向きもせず、スタスタ歩いてくんです。

わたしたち弟子は、一人さんの後を追いながら、ちょっと誇らしげな気分で、「スゴいでしょ、ウチの師匠」

みたいな顔をして、気持ちよくその場を立ち去ったという（笑）。

一人さんと一緒にいると、こういうことが頻繁にあるんです。

さらにもっと驚きなのは、一人さんに「どうして一人さんはあんなスゴいことができるんですか？　どっかで習ったんですか？」って聞いたとき、一人さん、わたしにこういったんです。

「別にオレ、人に教わったわけでもないし、何かの本を読んで覚えたんでもないよ」

「じゃ、どうして、一人さんはあんなこと、できるんですか？」

体がカタカタふるえるのを抑えながら、わたしはたずねました。

そしたら、なんと！

「こんなのスゴくもなんともない。誰でもできるんだよ、本当は」

そして、そして、一人さんは続けてこういった。


本来、人間は神なんだよ。

みんな、自分のなかに神がいる。

だから、本当はなんだってできるんだよ。

ただ、ほとんどの人は、自分が神であることを忘れちゃってる。

いろんなことで自信をなくしちゃってて、「自分にはできない」って勝手に制約を作ってるだけなの。


知りたいのは、そんなことじゃない——そう思って、わたしは、

「どうして一人さん、人間は神だって知ってるの？　誰に教わったんです？」

「はなゑちゃん」

一人さんは落ち着いた声でいいました。

「それを知ってキミが得するようなこと、ひとっつもないよ」

「わかってます。でも、知りたい！」

「そんなことより、もっと大切なことを教えてあげるから、よく聞きなよ。いいかい――」

人間は神であって、際限のない創造物だ。

ただね、人間はなんでもできる必要はないの。

なんでもできる必要はないけど、自分が強く興味を持つものがあるとしたら、それは自分がやるべきことなんだ。

で、自分が強く興味を持つものは、なぜか、できる！

「自分はできない」と思ってても、あなたのなかにいる神にはできるんだよ。

「誰だって、無償の愛で人を治せるんだよ」

わたしは元々、理科系の人間です。

一人さんと出会う前は、病院で臨床検査技師として働いていました。白衣を着て、採血した血液中の成分を調べたり、オシッコに含まれる細胞を顕微鏡で観察したりして、患者さんの経過を追って行く。

一にデータ、二にデータ、三、四がなくて、五にデータ、そういう毎日。

なんですが、実は子どもの頃からわたしは、死後の世界とか、超能力とか、宇宙人とか、前世とか、精神世界等々、興味津々、不思議なことが大好きでした。

自分は幽霊を見たことがなく、霊感も全然ないから、そういう不思議なものにスゴい興味があって、そっち関係の本もたくさん読んでいたのです。

臨床検査技師を辞め、「十夢想家《トムソーヤ》」というヒマな喫茶店をやっていた頃も、常連さんたちと不思議な話で盛りあがっていました。

そんな、ちょっと風変わりな「十夢想家」に、ある日、一人さんがふらっとやってきた。

何度か一人さんと言葉を交わすうち、

「この人、博学だな。なんでも知ってる、もしかして一人さん、宇宙人かな?」

そう思ったわたしは、一人さんにいろんな質問を投げかけました。

質問の内容は、もちろん不思議な世界に関すること。

投げかけた質問すべてに、一人さんは明快な答えを出してくれました。

しかも、一人さんが教えてくれたことは、ヨソの不思議と全然違うんです。不思議でありながら、ちゃんと地に足がついている。天の摂理にかなった本当の真理なんです。

そして、目からウロコがボロボロ落ちてくるような話ばかりです。

たとえばあるとき、〝気〟でもって具合の悪い人を治している方がいて、奇跡的に助かった人たちがいることを、わたしは知りました。

ただ、元・臨床検査技師のわたしとしては、やっぱり、半信半疑。

だから、一人さんに聞いたのです。

「こんな不思議なことがホントにあるのかしら?」って。

そしたら一人さん、真顔でわたしにこういった。

「オレにはわからない」

「一人さんにもわからないことがあるんだ」

「うん、はなゑちゃんがなんで『不思議だ』っていうのかがオレにはわからない。だって、これって、そんなに不思議なことじゃないもん。インチキな人がいるのも確かだけど、本当に〝気〟で治せる人がいるのも確かだよ」

こんな言葉が返ってくるとは思ってもみなかったわたしは「えっ!」ビックリしました。

「どう考えたって不思議でしょう。これが不思議じゃないっていうほうが、おかしいですよ、一人さん!」

一人さんは笑って「そうだよな、やっぱり、オレおかしいよな」そういうと、「けどさ、お医者さんにしか治せない、っていうのも、オレにいわすと、おかしな話だよ」

「でも、ふつうはお医者さんが治すもんじゃ」

「けどさ、イギリスの方では、〝気〟のようなもので人を癒すことをやってるボランティアの人がいて、そっちをやるか、西洋医学のほうでやるか、両方やるか、患者が選択できるようになってる病院もあるんだよ。中国の病院でも気功を取り入れて、治療してるんだよね」

「へぇ～。海外じゃ、さして珍しいことじゃないんだ」

「そうだよ。日本じゃ、まだ認知されてないだけの話。もちろん、こういうので全部治せる、って過信するのはよくないよ。だけど、治るものもあるんだよな。逆をいうと、お医者さんだって、薬でも、全部治せないだろ？」

「確かにそうですけど。でも、ドクターだって、看護師だって、みんな一生懸命やってるんで」

「薬とかお医者さんがいらない、っていってんじゃないんだよ、オレは。病気は医者しか治せない、薬とか手術とかしか治すものがないって、そうじゃないよ、っていってんの。

　治す方法はいろいろあって、食事療法とか、気功とか、霊的なもので治してる人がいるんだよ」

「それって、気功とか霊的なことって、一人さんもできるんですか?」

「あぁ、できるよ」

「あっ、やっぱり、一人さん、何でもできるんだ」

「こういう不思議なものをつかった治し方は、特殊な能力を持った人にしかできないわけではないんだよな」

「……一人さん、今、聞き捨てならぬことをおっしゃいましたね」

「あぁ、いったよ」

そういって一人さんは笑うと、とんでもないことをいった。

「誰だってできる。はなゑちゃんにもできるよ」

わたしは即、「一人さん、冗談はやめてくださいよ!」といいました。

霊的な能力を持っていない自分にはそんな奇跡的なことは絶対にできないと

思っていたからです。

すると、一人さんはクスっと笑って、「冗談じゃないよ。いいかい、はなゑちゃん、よく聞きなよ――」


昔、ガンになった子どもがいて、苦しんでたの。

それをおかあさんが見てたときに、「あぁ、かわいそうに。なんとかしてやりたい」そう思って子どものお腹にさわったら、ガンの塊に触れて。

そしたら、おかあさんの手は自然とわが子のお腹をやさしくなではじめたの。

痛みをとって楽にしてやりたい、という母の愛が、自然とそういう行為をさせたんだよ。

そして、おかあさんは一心不乱になって、ずっとお腹をなで続けてたら、ガンが消えてたんだって。

こういう類の話が現実にたくさんあるんだよ。

何をいいたいかって、要するに、人間は愛の力で治ることもあるんだよ、って。

ホントだよ。薬も何もない時代は、みんな、具合の悪いところに手を当てて治してたんだから。

だから「手当」っていうんだよな。

それは本来、母親が具合の悪いわが子を助けてやりたいと思ったとき、誰に教わるでもなく自然と手が苦しいところをやさしくなでてる、あの母の気持ち、無償の愛で治してるの。

もちろん、これで全部の病気が治るわけじゃないよ。なんでも過信はできないからな。

人間って、肉体と精神、この二つでできてるから、病気を治すには食事のバランスとったり、考え方を変えることも大切なんだよ。

だけど、気功で治るものもある。母がわが子に手を当てて、治るものもある。わかるかい？

手を具合の悪いところに当てて、やさしくなでてあげてるときの気持ち、無償の愛に「まったく何の効果もない」というのはムチャクチャだ、っていってるだけなの。

いいかい。愛でやれば奇跡が起きるんだよ。

人間にはみな、愛がある。誰だって無償の愛で、人を治せるんだよ。

大いなる神がそういうふうに人間を創ってくれてるの。

第2章
奇跡連発！　百戦百勝

苦労の扉と思って開けると、そこは花園だった

神さまは絶対、人を困らせないね。

ましてや、神の役に立っている人間を守ってくれないとか、困らせるとか、生活が苦しくなるとか、そんなことしない。

神の愛に沿ってやっていたら、すべてがよくなっちゃうだけだよ――。

本当は、一人さん、自分が不思議なことを知っていることを世間の人に知られたくないんです。

前に紹介した秩父・観音参りにあったような、不思議なことができることも、一人さん本人はふだん、ひた隠しに隠して生きています。

ただ、一人さんは自由が好きで、束縛されるのが嫌いだから、人も束縛したくない。だから、わたしたち弟子は自由に一人さんの不思議を語ったり、本に書いたりさせてもらっているワケです。

だけど、一人さん本人の気持ちとしては、知られたくない。

だから、不思議なことを本に書いたりして世間の方にお知らせすることも、一人さんいわく「人間のオレとしてはしたくない」なのです。

でも、どういうわけか、わたしたちの理解のおよばないところで、みなさまにお知らせしなきゃいけない状況に、一人さんは追い込まれます。

そうすると、ほぼ毎回、一人さんは逃げる（笑）。

「ヤだ、ヤだ、オレ、やりたくない」って、まるでダダっ子のように逃げます。

そうすると、一人さん、必ず体の具合が悪くなって、病気するんです。

床にふせってる間も一人さんのなかではいろいろ葛藤があって。

それでも最終的に、一人さんは覚悟して「やるよ、人助けだ」って立ちあがるんですけど。

立ちあがったら、病気が治ってる。

そのうえに、一人さん、前より若くなっていて、もっとカッコいい。


毎回そうなんです。

そして、実際、やってみると何も困ったことは起きなくて、人に喜ばれたり、いい出会いがあったり。

それから、スゴくいい、みんなが助かるサプリメントが、一瞬にして、できたりとか。

とにかく〝いいこと〟しか起きない。


神が「やれ」っていう時期があるんだよね。

そのとき、やるじゃん。

そしたら、実際、嫌なこと一つもないんだよ。

覚悟を決める前のオレは、頭のなかで、こんなことやっちゃったら、こうなって、ああなって、一〇〇の嫌なことが浮かんだりする。

だけど、苦労の扉だと思ってあけると、そこは花園なんだよ。

だから、自分は神のお告げで苦労して、っていう人がいるけど、それってホントに神なんだろうか。

だって、お前の人生、台なしになっても神のために働けとか、そういうこと、神はいわないよ。

神はみんなに「最大限しあわせになりな」って、いつもいってる。

いや、他の人の神さまのことは、オレ、知らないよ。けど、オレの知ってる神さまはそうなの。

それで、神が「やんなさい」っていったときにやると全部が解決、なぜか、そうなっちゃうの。

人間の頭で考えたら、こんなになって、あんなになって、大変だけど。でも、実際には神さまが守ってくれるから、そうならないんだよ。

神さまってホントにやさしいよ。

そう、一人さんはいいます。

〝いいこと〟しか起きない、というのがわかってるのに、それでも、一人さんは毎回逃げて、病気して、立ちあがって……というパターンを繰り返す。

これも、別な意味で、スゴい不思議です。

わかってるならサッサとやればいいのにって、みなさん、思いません？

でも、そこで葛藤するのも、なんか人間クサくって、そういう一人さんがわたしたち弟子は大好きなんです。

一人さんの成功が「奇跡」といわれるワケ

小銭は努力で得られる。大金《おおがね》は天が与える——。

以前、一人さんのファンで精神的なことが大好きな若者が集まってる場所にふらっと立ち寄ったとき、一人さんはいつものように熱くみんなにこの話を語っていました。

じゃあ、小銭っていくらですか？　っていったら、神的には一千万、二千万。
だから、一千万、二千万までは努力で行くんだよ。
それ以上になってくると、大金《おおがね》は天が与える。

天が喜ぶような人間にならないと、大金は入ってこないの。

てことは、天はどういう人を好くか、ということを考えりゃいいんだよ。そしたら、自ずと答えは出てくる。それをやってれば、天が味方してくれるの。

ただな、小銭を得る努力をして、天が味方するんだよ。

わかるかい？

何もしないと、何も起きないんだよ。

この地球っていう星は〝行動の星〟だから、何もしないと何も起きない。それで、何もしないと不幸になるようになってる、星なの。

だから、この星は行動しなきゃいけない。

行動すると失敗か成功か、なんだけど、行動しないと一〇〇％間違い。何もやらないのは、間違いなく失敗なんだよ。だって行動の星だからな。

そのなかで、自分はこういうとき、どういう行動をするか、ということを判断していかなきゃなんない。

その判断をしていくのに、本を読んだり、勉強してないとダメなんだよ。しっかり勉強をし、神がつけてくれた脳をちゃんと使って小銭を得る努力をし、さらに神が喜ぶ行動をすると天が味方するの。

この話を聞きながら、「さすが師匠！　いい話するわ」と思ったんですけれど。

そういえば、自分たちも小銭を得る努力したもんなぁ——って思い出したとき、わたし、「あれ？」って思った。

「一人さんの小銭を得る努力、あれ？　何したんだろう」って。

わたしは何も、一人さんがウソを教えてる、といってるんじゃないんです。

わたしたち、弟子の社長たちが経済的に豊かになったのは、わたしたちが知らないうちに小銭を得る努力をするよう、一人さんが仕向けてくれたおかげであって。だから、小銭を得る努力は大切で、必要なこと。

ただ、一人さんがそういう努力をしてただろうか。

そうやって考えると、わたしの頭にデッカい「?」がつくんです。

なぜかというと、一人さんの仕事って、まるかんの商品を作ること、いわゆる商品開発なんですけど、一人さん、研究らしい研究、一切、してません。

一人さんは本好きだから、たくさん本を読んでます。

でも、一人さんが読んでる本は、旅の本とか、孫子とか老子とか、自分の仕事と関係ない本ばっかり。

じゃあ、どうやって一人さんはウチのサプリを作ってるのか。

これがまた、信じられないような話なんですよ。

まるかんの商品は、一人さんがパッとひらめいて、できちゃってます。

これ、ホントなんです。

一人さんと一緒にご飯食べてたり、雑談してたりしてるときに、突然、一人さんが「あっ」っていう。

「どうしたんですか？」って聞くと、一人さん、「いいものができたよ」って。

そして、一人さんはその場ですぐ、まるかんの商品を製造している工場に電話して、新商品の発注をします。

このとき、一人さんは工場の人に、「Aという成分を何割、B成分は何割、C成分は何割にして作ってください」というい方をしています。

研究してないのに、いきなり、そういうことといえちゃうんです、一人さんは。

で、あとは試作品ができるのを待ってる。

最初の試作品があがってくると、それがもう、最初からスゴいんです。

どの商品もみんな、一回目の試作品で、めちゃくちゃいいものになるから、私の知っている限り、作り直したことが一回もありません。

この話、同業他社さんだったら、絶対信じないと思います。それは当然。だって、こんなこと、通常は絶対にありえないもん。

ふつうは、一つのサプリに、どの成分を何割入れるかという配合比率を探し出すために、たくさんの研究員を雇って調査・研究させています。

研究員が長い時間をかけてデータをとって、研究に研究を重ねて、ようやく「これで行ける!」という配合比率を見つけるんです。

それで試作品を作っても、一回目の試作品でゴーサインが出ることは、まずありません。何度も作り直して、あーでもない、こーでもないをやって、やっと商品ができてきます。

そうして発売されても、よくって〝千三つ《せんみ》〟の世界。

ちなみに、〝千三つ〟とは、新商品千個作ったとして、そのうちヒット商品になるのは三個だ、という意味。最近は、この〝千三つ〟すら難しいそうです。

ところが、一人さんの作った商品は常に、発売されると大ヒット。

じゃあ、新商品が大ヒットして、前からある商品が売れなくなるかというと、そういうことはないんです。

前からある商品はそれはそれでお客さまに喜ばれていて、ずっとロングセラーを続けてます。

こういうことになるのは、やっぱり、一人さんのサプリがスゴいからだと、思うんです。

もしよくなかったら、ヒット商品になったり、ロングセラーになったりしない。よくないものに大切なお金を出す人って、いないでしょう。

わたしは何も、まるかんの商品がよくて他社のがよくない、といってるのではありません。

ウチの商品を売りたくて、こういうことをいってるんじゃ絶対ない。


二〇数年間、一人さんをそばで見ていて、わたし、ずっと感じてました。

一人さんの仕事はもしかすると正真正銘の神ワザじゃないだろうか、って。

要するに、一人さんは神がかってる、といいたいのです。

そして、神がかってるのは、一人さんが何らかのミッションを受けてここにきた、選ばれた人だからではないか。

そんな気がしてならないのです。

そのことを、わたしは、いいたいだけ。

そして、わたしの意見に対して、みなさんはどう思いますか？　一人さんという人を、あなたはどう判断しますか？　ということなんです。


ではでは、これから、わたしが「神がかってる」と思うに至ったエピソードをピックアップしてご紹介します。

エピソードのなかには商品の話が出てきます。それを抜きにしてエピソードを紹介するのは、わたしの筆力じゃ、できません。

ですので、もし、あなたが商品の話を読みたくないならその部分は飛ばして、その先を読んでくださいね。

ただ、本当の商品名を書くと宣伝と思われてしまいますので、架空の名前、「ひとりさんパワー」「ひとりさん青汁」「ひとりさんサプリ」とさせていただきます。

製薬会社も度肝を抜いた、一人さんサプリの中身

一人さんが商品をひらめく場面にずっと立ち会ってきて、そこには法則性が

あることをわたしは発見しました。

お決まりのパターンが二つあるのです。

一つは、わたしたち弟子の社長たちが「一人さん、若くてキレイになっちゃうサプリ、あったらいいな」とかいって、一人さんにお願いするパターン。

もう一つは、一人さんの具合が悪くなってひらめく、というパターン。

ちなみに一人さんが具合悪くなるのは、神さまが「やれ」といったことから逃げ回っているときなのですが（笑）。


わたしたちにお願いされるにしろ、病気になるにしろ、いずれのパターンにおいても、瞬間ワザで一人さんはサプリを作ります。

この成分が何割、この成分は何割、あれは何割というのがポンと一人さんに浮かんで、しかも商品名まで出てきちゃう。

しかも、わたしたち弟子がいつも理解に苦しむのは、一人さんは工場に発注すると、もう覚えてない。

自分が発注したことは覚えているのだけど、どの成分をどれぐらい使うか、何割入れるのか、細かいことは、本人はほとんど忘れてしまう。

ちょっと、これ、商品開発者としては風変わり。世間広しといえども、こんな商品開発者、見たことも聞いたこともありません。

だけど、一人さんのひらめきでできたサプリは、スゴいんです。他社さんが密かにまるかんのを買って研究しているぐらいです。


なぜ、他社さんに研究されているのがわかるのかというと、たとえば、こういうことがあったのです。

まるかんのロングセラーの一つ、コエンザイムQ10配合の「ひとりさんパワー」(仮称)を一度に大量に購入する方がいました。初回は一〇個、次は二〇個、そのまた次は三〇個と増えていく。

「この買い方はふつうじゃない」と思った担当者が購入した方にたずねたら、なんと！　その方は製薬会社の方でした。

その方がいうには、「ひとりさんパワー」を飲んだら、あまりにもよくて驚いたそうなんです。

「ひとりさんパワー」は高品質なコエンザイムを使っているのですが、それと同じものを他社さんも使っています。

なのに、飲んだ結果に、こんなにも差が出てる。どうしてなんだ？――気になって、製薬会社の方が調べたら、「ひとりさんパワー」のコエンザイムは二〇分で吸収されるようになっているらしい。

そこまで突きとめて、その方は担当者にこんな質問をしてきました。

「コエンザイムは二〇分で吸収されないとパワーが発揮しにくいそうです。この配合は、どのように研究されたんですか？」

要は、高度な専門知識がないとこういうものは作れない、ということです。

この一件について、わたし、一人さんにたずねました。

「コエンザイムって、二〇分で吸収されないと効かないらしいんですけど。一人さん、いつどこで、そんなこと知ったんですか?」って。

そしたら、一人さんは、「さぁ知らない」とひと言。

「誰かに教わってもいないし、勉強したわけでもない。いつも通り、頭に浮かんだことを工場の人にいっただけだよ」って。

じゃあ、一人さんから注文を受けた工場のほうに、早く吸収するための知識や技術があったのかというと、これはわかりません。

ただ、一つだけいえることは、もし工場のほうでそういう技術を持っているんだとしたら、当然、「ウチの会社はこういう技術を持ってます」とアピールしてくるはずなんですけれど、そういう話は聞いたことがない。

では、どうして、こんな人気のサプリができちゃったのか。

一人さんにたずねても、「オレ、そんなの知らない」っていうんです。

二〇分で吸収されないと効きづらい、ということも、「今、はなゑちゃんから聞いて、はじめて知った」って。


そんなバカな！　っていう話じゃないですか。

あまりにも不思議すぎる。

だから、わたしは「不思議だ、一人さんは不思議だ。神がかってる」というのだけど。

いわれた当の本人は「えっ、そうかな？」って、けげんな顔してる。

不思議だと思ってない、当の一人さんは。

より若く、より美しく、元気でいたい

まるかんのサプリは、一人さんのひらめきで作られていると、再三いっておりますが、ただ、一人さんはまったく何も考えていないワケではありません。

「オレは今までずっと、『人間の自然治癒力を最大限に引き出す』っていうつもりで、サプリを作ってきたんだよね」

一人さんはそういうんです。

なんで、オレが心のなかでずっと「人間の自然治癒力を最大限に引き出したい」っていってるかというと、オレは神を信じてる人間だからなんだよ。

神は自分で自分の体を治す仕組み、自然治癒力っていうのを、人間の体のなかに入れてある。それぐらい、神は、人間の体を精密に創ってるんだ。

ところが人間の体のなかには、自然治癒力をジャマしてるものがあるんだよ。それさえなくなれば、どんな難病だろうが何だろうが、みんな治っちゃう。こういう仕組みを神が創ってくれてるんだと、オレは思ってるんだ。

じゃあ、何がそれをジャマしているかというと、環境なんて、たいしたもんじゃないんだよ、オレにいわせると。

確かに昔は、陽の当たんないとこにいて「くる病になった」、とかっていう話があったよ。でも今、そんな人いない。生きてる間ずっと闇のなかにいるとかって、ない。

そしたら、ジャマしてるものって、間違った考え方してるか、食事のバランスが悪いか、それだけなんだと思ってるんだ。

そうすると、「この食品は何にいいんですか?」っていうけど、これは何に効くかの問題ではないんだよ。

要するに、自然治癒力をジャマしてるものがなくなって、本来の姿に戻っちゃえば、いろんなところに〝いい結果〟が出てくるんだ、っていう考えなんだ。

では、何をどう本来あるべき姿に戻すのか。

わたしの頭のなかにある知識でもって、まるかんの商品ラインナップをながめると、腸のなかをキレイにして血をキレイにする、というコンセプトが見えてくる。

ですから、一人さんのサプリは、当然、ちゃんとした筋が一本通っているのです。

一本筋は通っているけど、一人さんに成分のこととか細かいことをたずねても、「もう忘れちゃった」って。

ホントに覚えてないんです、一人さんは。

それなのに、若くてキレイになって、元気で健康になったらいいな、っていうサプリができあがってくる。そして、いつも、いつも口コミで、うれしいことにどんどん広がっていく。

信じられないかもしれないけど、一人さんのダイエット食品を飲んでやせただけじゃなく、体の、いろんな症状が「消えた」「助かった」という人がたくさんいるんです。理屈的にいって絶対ありえないようなエピソードもある。

だから、ホント、不思議なんです。

しかも、年年歳歳、一人さんのひらめきがパワーアップして、スゴくなってるんです。

年年歳歳、もっといいサプリができちゃってる。

たとえば、この夏に「ひとりさん青汁」(仮称)、秋に「ひとりさんサプリ」(仮称)という商品が出たのですが、これが発売と同時に爆発的な人気で製造が追いつかない。

それぐらい、スゴいサプリです。

とにかく、とにかく驚きです。

スゴい！　のひと言に尽きます、「ひとりさん青汁」（仮称）「一人さんサプリ」（仮称）——全国各地のご愛用者の方々がそういうのです。

にもかかわらず、ですよ。

「どうして、一人さん、どうしてこんなにスゴいことができちゃうの？」

いっくら、わたしが聞いても、一人さんの返事はいつも同じ、ワンパターン。

「頭にパっと浮かんだことを工場の人にいったまでだよ。細かいことは、よくわからない」

一人さん、ついに驚愕の初告白

不老長寿——。

あぁ、なんて心ときめく言葉でしょう。

人間の体は、生まれながらにして「老化」という生理現象がプログラムされていて、年齢とともに、肌や筋肉、血管は老いて、体じゅう、ありとあらゆる機能が衰えてきます。そうして、いろいろな病気が出てくる。

だから、いつまでも若々しく元気で、美しく、元気で健康であり続けることは、有史以来、人類の夢。

ところが最近、老化のメカニズムを解明して、老化スピードを遅らせる研究が進んできました。

その研究のなかで、老化を早める要因として今、注目されているものの一つが「糖化」です。

いわゆるメタボ健診を受けたことがある方は、この糖化、すでにおなじみです。

メタボ健診で、メタボかそうでないかを判定する検査項目の一つに、「グリコヘモグロビン（ヘモグロビンA1cまたはHbA1c）」というのがあります。

これは元々、医療現場では糖尿病の治療経過を診る〝ものさし〟として使われてるものなんですけど。

グリコヘモグロビンは、糖（血糖）と血液中のタンパク成分ヘモグロビンが合体したもので、実は糖化の一つなんです。

食事でカロリーをたくさんとると、血液中の糖（血糖）が異常に増えて、血液に含まれるいろんなタンパクと糖が合体します。

この現象が糖化です。

糖化が進むと、血管だとかいろんな細胞が傷んできて老化スピードが速まるし、いろいろな病気も出てきます。

わたしは、仕事柄以前に、自分がずっと若くてキレイでいたいものだから、この糖化にもすごく興味をもっていました。

それで、あるとき、テレビで、糖化を防止して老化を防ぐ、というテーマの番組をやっていて、それを一人さんと見ていた。

番組の冒頭、糖尿病患者さんにちょっと変わった食事指導をしているお医者さんが出てきました。

食事のときはまず最初に野菜から食べる。食事制限はしなくてもいい――という指導で、実際、患者さんの血糖値が下がっているんだ、と。要するに、糖化防止につながる、ということなんですね。

そして、野菜の食物繊維が、食事からとった糖が腸で吸収されるのをおだやかにしてくれたりして、いいんだ——ということをテレビでいってました。

それを見ていたとき、一人さんがいきなり、いったんです。

「もっといいの、オレ、作れるよ」


その翌日も、さらにその翌日もずっと一人さんとドライブしていて、「もっといいの作れるよ」といった三日後に、一人さんに会ったときのことです。

一人さんは、わたしの顔を見た瞬間、「あ、はなゑちゃん、この前話してたアレ、できたよ。今度の新商品は『ひとりさん青汁』(仮称)っていうんだ」そういって、その場で、工場に電話して発注したんです。

そのとき、一人さんが「食物繊維」といったのを、わたしの耳はキャッチ。

そうだ、食物繊維だ！　これをとれば、野菜をたくさんとらなくてもいいから楽だし、糖化にもいいはず——そう思って、わたしはすぐ、品質のいい食物繊維を入れてある、他社さんのサプリを買いました。

わたしは今すぐ、もっとキレイになりたい。一人さんの試作品ができるのが待てない。だから、他社さんの食物繊維を真面目に飲んでいたんですけど。

ごめんなさい。わたしにはよくわかりませんでした。


そんなことをしているうちに、一人さんが発注した、例の食物繊維を入れた試作品が出てきて、飲ませてもらったんです。

前に飲んでいた食物繊維の結果が「?」だったので、正直、あんまり期待していませんでした。

ところが、「ひとりさん青汁」をはじめて飲んだその日に「これは!」という結果が出た。

ツルリンポン!——これは、「ひとりさん青汁」を飲んだ恵美ちゃん（一人さんの弟子の一人、柴村恵美子さん）の感想です。

わたしも飲んだその日からツルリンポン！　実に気持ちよ～く、きちっとした便が大量に出ました。

そして、何日か飲み続けて行くと便が臭わなくなってきて、

「あ、腸のなかがキレイになってる」

というのがわかり、お腹まわりもスッキリ。

心身ともに調子がすこぶるよいのです。

さらに、「ひとりさん青汁」が発売後、糖を気にしている方であるとか、いろんな人から続々と〝喜びの声〟をご報告いただいています。


わたしはもう感動して、一人さんにいったんです。

「同じ食物繊維を使っていても結果がこうも違うのは、アレだね。一人さんのは、水溶性と脂溶性が絶妙なバランスで入ってて」

ところが、一人さんはキョトンとした顔で、「はなゑちゃん、何だっけ、それ？　忘れちゃった」

「だから、食物繊維には水にとける水溶性と脂にとける脂溶性の二種類あって……。まさか、一人さん」

一人さんはフフフと笑っていいました。

「知らない。忘れちゃった」

また、これだよ――わたしは心のなかでつぶやき、そして、いいました。

「もう、だまされませんよ」

「はなゑちゃん、どうかしたの？」

「知らないって、絶対おかしい！　じゃあ、なんでテレビを見てたときに『もっといいのが作れる』っていったんです？　知らなかったら、いわないでしょ」

一人さんはちょっと困った顔をして、「あのな、はなゑちゃん」

「またごまかそう、っったって、そうはいきませんよ」

「信じられないかもしれないけど、『もっといいのができる』っていうお知らせがくるんだよ」

「やっぱり一人さん、神がかりなんだ」

「さぁね。なぜか知らないけど、できちゃうんだよ。あの成分が何割だとか、これが何割とか、頭に浮かんでくる。いつも、そうなの」

気が小さい人は、細い便を出すから「ケツの穴が小さい」

お知らせがくるんだよ——。

一人さんのあの告白を聞いちゃったら、もう、気になって気になって。

「一人さん、『もっといいのが作れる』って、アレは誰かの口伝えなのね」

「えっ、何が？」

「誰なんです？　どなたが一人さんにそういわせてるの？　やっぱり神さまなの？」

「それはね……」


さぁ、くるよ、くるよ〜――わたしの興奮がピークに達した、そのとき。

「そんなことより、よくさ、『ケツの穴がちっちゃい』とかっていうだろ」


こちらはコケまくりだったことは、もういわずもがな。

一方の、一人さんはマイペース。話を続けます。

「気が小さいとか、たいしたことないヤツだ、という意味で『ケツの穴がちっちゃい』っていうじゃん。

なんで、そういうかというと、昔は外で排便してたんだよ。

そうすると、野っぱらに便が落ちてるから、それを見てると、豪傑とか、腹の座ってる人が出した便は、太くて立派なんだよ。

逆に、細い便を出してるとか便秘したり、下痢してる人は、気が小さくて、何かあるとソワソワ、ソワソワソワして、物事に動じやすい。だから、ケツの穴が小さい、っていうんだな」

「便の太さって、その人の精神状態が出るんだね……。そうか、『ひとりさん青汁』を飲んでから気分爽快に過ごせてるのは、立派な便が出るようになったからだ」

「そうだよ。で、便は精神と体の状態を反映するから、健康のバロメータなんだけど。

本来、便は一気にツルっと立派なのが出て、なおかつ、お尻が汚れない。これが理想であって、健康の証」

「じゃあ、『ひとりさん青汁』を飲んだときの、あの、ツルリンポン！　が当たり前なんだ」

「そうだよ。あれは原始の、神が人間を創ったときの排便の状態なの。なんで、そういうふうに創ったかというと、地球上の生命体は便を出してるときが一番狙われるんだよ」

「猛獣に襲われたりする」

「そういうこと。だから、できるだけ早く排便を済ませられるように、一気にツルっと出ちゃうように、神がしてくれたの。

だから、『ひとりさん青汁』を飲んでスゴく気持ちがいい、気分爽快で過ごせるのは、排便が原始の頃の状態に戻るからなんだよ。

逆をいうと、トイレで長くいきんでなきゃ出ないとか、トイレから出てもお腹のなかに何かまだ残ってそうな感じがあるのは、おかしい。それ、慢性的に腸に問題がある」

「腸内環境が悪くなってて、なかにあるものが腐敗して、たとえば血圧をあげる有害物質を出してるとか」

「ともかく、ともかくな。自分の便の出方とか、便の状態をチェックして、本来あるべき姿に戻してやりゃいい。それが一番大切なこと。わかったかい」

「……はい、わかりました」

「じゃ、今、オレが話したこと、みんなにも伝えてあげな。そのこと知らないで、腸からのSOS見逃してる人が多いからな」

そんなワケで、一人さんサプリの不思議なでき方、その核心部分は依然として神秘のベールにつつまれたまま、なのでありました。

海外から発信された預言
「遺伝子レベルで難病を治すサプリが日本で生まれる」!?

数年前、ネット上でこんな噂が飛びかっていることを人づてに知りました。

その内容は。

ホ・オポノポノの本に「日本で遺伝子レベルで難病を治すサプリメントが生まれる」と書いてありましたが、それは絶対、斎藤一人さんだ。一人さんに違いない——と、わたしの周りで話題になっていたんです。

わたしはビックリして、「遺伝子レベルのサプリ？　それ、何だろう……」

その頃、「パニウツ」というサプリが発売と同時に爆発的人気だったので、

「これかな?」と思ったりもしたけれど、その内容成分を見ると、どう考えても遺伝子レベルに働きかけるものではない。

何だろう、遺伝子レベルに働きかけるサプリって何だろう――そんなことを、みんなで話し合っているうちに、あの噂のことはすっかり忘れてしまいました。

それから何年かたって今年の九月。

ウチのお客さまにこんなことをいわれました。

「何年か前に噂になってた、遺伝子レベルのサプリって、この秋に出る『ひとりさんサプリ』のことでしょ」

わたしは、「あぁ~」思い当たる節が山ほどあったんです。

常にもっと若くてキレイになりたいわたしは、いわゆるアンチエイジング研究、つまり若返り研究の動向をずっと追っかけていました。

若返りの研究で最近わかってきたのが、長寿遺伝子。これは若々しく健康で長生きさせてくれる遺伝子で、誰もが六〇兆個の細胞一つひとつのなかにこの長寿遺伝子を持っています。

ただ、ほとんどの人は長寿遺伝子が眠った状態。だから、年とともに段々、若さが枯れてきて、健康で長生きすることができないでいます。

ところが、この眠った長寿遺伝子を目覚めさせる方法が最近、わかってきた。この長寿遺伝子のスイッチをオンの状態にすると、一〇〇種類近くある老化の原因を抑えられると考えられているんですけれど。

長寿遺伝子をスイッチオンにする方法、一つはカロリー制限。

そしてもう一つが、レスベラトロール（以下、レスベラ）という成分だ、という話なんです。

このことを本やテレビで勉強したわたしは、さっそく一人さんにお願いしました。

「レスベラという成分がよさそうなんですけど、一人さん、こういうの作ってもらえませんか？」

わたしはそういいながら、自分が読んだ本を一人さんに差し出したのですが。

「せっかくだけど、これいらない。必要ないから」

一人さん、本を開きもせずにいうんです。

そして、「はなゑちゃんが思ってるより、もっとスゴいのできるよ」って。

一人さん、そういいました。

それが、どんなに、うれしかったことか。

というのは、実はわたしはすでにヨソの会社から一カ月分五万円もするレスベラのサプリをこっそり飲んでおり。

こちらも「あれ？」っていう感想。わたしだけかもしれないけれど、ちょっと肌がきれいになったかなー、ぐらいの、残念な状況だったからです。

どんなスゴいの、一人さん、作ってくれるんだろう――わたしはワクワクして待ちました。

といっても、たった二、三日だったけれど。


一人さんが「もっとスゴいのができるよ」といった日から二、三日後。

一人さんと雑談していたときのことです。

突然、「あっ」と、一人さんが声をあげて、「はなゑちゃん、できたよ」

「何がです？　一人さん」

「この前、頼まれたヤツだよ。商品名は『ひとりさんサプリ（仮称）』だ」

「えっ！　まさか、今、サプリの中身の設計、できちゃったの⁉」

「うん、さっそく、これから工場に発注するから、ちょっと電話貸して」

わたしは「一人さん、ちょっと待って!」そういうと、バッグのなかから飲みかけの、例の五万円のサプリを取り出して「実は……」一人さんに事情を話しました。そして、

「わたしが飲んでるこの五万円のレスベラサプリ、ちょっと見てみますか?」

「ああ、見せて」一人さんは容器の成分表示を見ながら、「ふーん、なるほど、コンセプトはわかった。オレの処方とは違うけど、一応、これに似せたものも同じレスベラを使って、一緒に試作してみよう」

一人さんはそういうと、自分の頭に浮かんだものと、五万円と同じコンセプトのものを工場に発注しました。

その後、両方の試作品ができあがってきて、何人かずつのグループに分けて飲み比べてみたところ、五万円コンセプトのものを飲んだ人たちは「……」沈黙。使用前、使用後の違いがわからない、ということでした。

一方、一人さんの「ひとりさんサプリ」試作品を飲んだ人たちなんですけど。

「飲んだその日から、これはスゴい」って、興奮していうんです。

奇跡の若返りが夢！　そのワケは一体……

一人さんの「ひとりさんサプリ」試作品と五万円コンセプトの飲み比べ実験の後、わたしも「ひとりさんサプリ」の試作品を飲ませてもらいました。

そしたら、ビックリです。

実はわたし、少し前からひざを痛めていました。あれこれ手をつくして、やったんですけれど、ひざのハレがひかないし、ずっとひざがガクガクいうし、痛かったんです。

それが、「ひとりさんサプリ」を飲んだその日、「あれ、ひざが何か違う！」

って。

それからさらに二日後には、階段をスタスタ歩けるようになって、今はもう全然平気。

それだけじゃありません。「ひとりさん青汁」を飲んで、お腹いっぱいになるから自然とヤセたことはヤセたのですが、「ひとりさんサプリ」を飲んで二週間後、なんと！

わたし個人の話ですが、ウエストが六センチ減って、体がシュっと引き締まり、若いときの体つきになってきた。

筋肉量を測ってみたら、信じられないことに一・五キロ増。

「ひとりさんサプリ」を飲んでたった二週間で筋肉が一・五キロ増えた、これは生理学的にいって、常識では考えられない。

成人が筋肉を一キロ増やすには筋トレを平均一八〜二〇週間継続しなきゃいけない。アメリカの学者さんが、今まで報告のあったさまざまな研究を分析し直して、そう報告してるんです。

ところが、「ひとりさんサプリ」はたった二週間、しかも、わたしは筋トレを毎日やってません。


わたしは感動して、一人さんにいいました。

「この『ひとりさんサプリ』は、長寿遺伝子をスイッチオンにして、わたしのミトコンドリアをよみがえらせたんだわ～♪」

ところが、一人さんはいたって冷静で、「そうか？　オレはミトコンドリアってヤツのことは、ひとっつも考えてなかったけどな」

「絶対そうよ。それでね、一人さん、ミトコンドリアっておもしろいの。ミトコンさんは、人間とは違う生命体。それが人間の体の六〇兆個の細胞のなかにたくさんいて、エネルギーを作りだしてる。細胞のエネルギー工場っていわれてるの。

だけど、年々、ミトコンさんは劣化して、数も減ってくるのね。そしたら、体は基礎代謝が落ちて、いわゆる〝中年太り〟になってくるし、じっとしてるだけで疲れるし。劣化したミトコンドリア自身が、活性酸素もたくさん出しちゃっていろんな病気が出てきて……」

するとの、一人さん、こういいました。

「今の話、自分以外の生命体が衰えると自分も衰える、という話だね」

「えっ！」

「人間の体ってさ、今のミトコンドリアもそうだけど、腸のなかにも別の生き物がいるじゃん」

「腸内細菌のこと？」

一人さんはうなずいて、静かに語りだしました。

その腸内細菌とかミトコンドリアとか、他の生物と人間は〝共生《きょうせい》〟といっ

て、ともに生きてるんだよね。

だから人間は、自分とは違う者同士、ともに生きていけるんだよ。

意見が違う者同士、いがみあったり、いろんなことがあるけど、本来はね、回教徒だろうが、仏教徒だろうが、キリスト教徒だろうが、本当はともに共生できる。

この星にはいろんな国があって話す言葉も文化も違うけど、いろんな国と共生できるんだよ。

そんな、いがみあって、互いに傷つけあわなくったってさ。そんなことする必要、ないよな。

人間ってのは、ともにしあわせに生きて「回教徒のあなたもしあわせ、キリスト教徒のわたしもしあわせ、お互い、よかったね」っていうふうに生きられる生命体なんだから。

それを、自分たちと違うものを「排除、排除」って、排除したら自分たちが発展するかっていったら、そういうものではないんだよ。

ミトコンドリアが衰えると人間の体が衰えるのと同じで、排除したら、自分たちの発展はないいんだよ。それは神の仕組みなんだ。

だから、自分だけよければ、っていうのは危険だよ。帝国主義でも、ヨソの国を攻めてって戦争になって、ダメになっちゃったじゃないか。

そんなことやってるより、戦争をやってない今のほうが豊か。この国とっちゃえば豊かになると思って攻めてた頃より、今のほうがはるかに豊かなんだよね。

ミトコンドリアが、そういうこと再認識させてくれたよ。ありがたいね。

しみじみと「ありがたいね」といっている一人さんの姿を見て、わたしは、「ウチの師匠は、いろんなことで学ぶ人だな。スゴいなぁ」そう思って感心してしまったのだけど。

あ、イカン、イカン、肝心なこと聞くの、忘れるとこだった――わたしは頭を切り替えて、一人さんにたずねました。

「一人さん、なんで、こんなにスゴいもの作れたんですか？　今までの商品をゴボウ抜きにして、売り上げダントツ一番じゃないですか」

「いや、だから、あのとき頭に浮かんだんだよ。レスベラにこれと、これと、これをちょっと足せばいい、ってのがね」

「一人さん、わたしが知りたいのはそういうことじゃなく、誰が一人さんの頭にそれを出してるか、っていうことですよ」

すると、一人さんは「ハハハハ……」と笑って、「そんなこと、知らない」

「何よ、それ」

「それよっかさ、こんなにいいものできたから、お薬師さん参りに行こうかと思ってんだけどさ」

ちなみに、このお薬師さん参り、五、六年前に、一人さんの具合が悪くなったときに見た夢がきっかけで、はじめたものです。

夢のなかに、人々の病気を治し、安らぎを与える小さな薬師如来さんが出てきて、一人さんに「治してあげる」といったそうです。

そして、手のひらぐらいの小さな薬師如来さんはホウキをもって一人さんの体を掃除してくれました。

その後、伊勢神宮に呼ばれたりして、一人さんの体が回復に向かったのは、みなさんもご存知のことと思います。

一人さんは日本の神さまにも、仏教の神さまにも守られているんですね。

例の薬師如来さんの夢を見てから、一人さんは新商品ができたり、病気が治ったりすると、千葉県の上総国《かずさのくに》二八カ所薬師如来霊場を回って、お礼をしています。

のんびりできるし、おいしいものも食べられて楽しいんですよ（花より団子か（笑））。

「はなゑちゃんはどうする？　お薬師さん参り」

「行く、行く！　ぜひ、お供させてください」

かくして、このたびの「ひとりさんサプリ」についても、一人さんの謎を解明するに至らなかったのですが。

どう思います？　みなさん、ウチの師匠のこと。

納税日本一をもっとも待ち望んでいた人とは……

わたしたち弟子がいくら聞いても、一人さんは絶対、教えてくれないけれど。

「ひとりさんサプリ」や「ひとりさん青汁」とかを生み出す〝ひらめき〟は、一人さんが大いなるものから受けた類まれなるもの。

もっというと、神の啓示的なもの、というか。

わたしには、そう思えてなりません。

だって、それは現実の、発売に至るまでの経緯を見てもそうだし。

一人さんの受けた〝ひらめき〟でできた「ひとりさんサプリ」や「ひとりさん青汁」を飲んだ人にスゴく、スゴくうれしいことが起きてるし。

ただ、みなさんは信じようが信じまいが、どっちでもご自分の好きになさっていいんですよ。

「そんなの、ただの偶然だ」と思ったのなら、それはそれで全然かまいません。無理して信じていただこうとか、ウチの商品を買っていただこうなんて、そんなつもりは、これっぽっちもありませんから。

だけど、これだけはいっておかなくてはなりません。

「ひとりさんサプリ」「ひとりさん青汁」を飲んだ人にとって、自分に起きてることは〝事実〟以外の何ものでもない。

第三者が信じる信じない、あーだ、こうだいったって、〝事実〟は事実です。

そういう実際にあった話をいろんな方からうかがっていると、人智を超えている、これは神ワザだ、と。わたしは、そう思わずにはいられないのです。


それと、もうひとつ。

一人さんが納税日本一になったとき、ある人に聞かれて、一人さんはこういったんです。

「天がオレを日本一にしてくれた」

一見すると、？？なコメントですが。

でも、一人さんの名前が全国長者番付の上位に毎年載るようになってから、全国に一人さんの話を聞きたがる人がものスゴく増えたんです。

わたしたちが弟子入りする前は、ほとんど一人さんの話を聞く人がいなかったんです。だから、わたし、もしかして、みなさんが一人さんの話を聞いてくださるよう、天が一人さんを日本一にしたのではないかと。

そして、なぜかはわからないけれど、天は一人さんを日本一にする必要があったのではないかと。

というのは、納税額が一番になっただけでなく、平成一六年に一人さんの累計納税額が一七三億円を越えて、大正製薬の会長さんを抜いて日本一になった直後。その年で高額納税者の発表が打ちきりになってしまったから。
どういうことかというと、一人さんは未来永劫、永久に日本一になっちゃったの。もう発表はないんだから。
もちろん、今も毎年、高額な納税額を払い続けていますけどね。

そんなことも含め、この本では紹介できなかった一人さんの不思議エピソードとか、諸々を総合的に判断した結果、わたしはやっぱり、こう思うんです。

一人さんは天に選ばれた人ではないか、と。

みなさんはどう思います?
この比類なき奇跡の、斎藤一人という人間を、あなたはどう判断しますか?

スペシャル付録

一人さんと舛岡はなゑ　師弟対談

一人さんが今、どんなことを考えているのか、
興味津々な方も多いと思います。
けれど、一人さんはテレビ等々に出て今考えてることを語ったりしません。
そこで、わたくし舛岡はなゑ、
日常会話を交わす体を装って一人さんが考えていることを可能な限り聞き出し、
その音をこっそり録ってきました。
魂的な話から世の中の動きまで、
内容盛りだくさんの師弟対談（？・）となっております。
どうぞ、楽しんでお読みください。

（一人さん、出会ったばかりの頃、いったでしょ、二〇〇歳まで生きるよ、って——はなゑ）

——わたしが喫茶店やってた頃、まだ一人さんと出会ったばかりのときにみんなで「人って、いくつまで生きるのか」って話してたら、一人さん、いきなり「オレは二〇〇まで生きるよ」っていったじゃないですか。「えぇっ！」って、わたし、ビックリしたのね。というのも、当時、世間でいわれてたのは「人間の細胞寿命は一二五歳だ」って……。

「一二五歳」ってのは、何もしなくても一二五まで生きる要素がある、ってことなんだよ。それが、紙でおしりを拭かなきゃいけないような、腸を汚すようなものを食ってるとか、体に悪いことしてると縮まっちゃうんだけど。

ただ、「一二五歳」ってのは、体にいいことをする、ということを前提に置いてないんだよな。

――いいことをすれば寿命は伸びるから、二〇〇まで行ける、と。

うん。それで、昔は一〇〇年かかってた研究は、ちょっと前に一〇年で研究できるようになって、今はもっと進んできちゃってる。今は、うんと昔と比べたら、一年で一〇〇年分の研究ができちゃうんだよ。

そうすると、これから何が開発され、何が発明されるかわからないのに、勝手に「人生八〇年だ」とかって決めちゃうのは、つまんないじゃないか。

二〇〇歳まで若々しく生きると思ってるだけで人生楽しいよね。

人はこれから長生きをして、経済を学ぶんだよ。

――長生きして、経済を学ぶ？

そうだよ。本来、人間の魂は二つのことを学びに、地球に出てきてんだよ。一つが人間関係、それから経済。この二つを学ぶ。

この人間関係が、昔は国家においてはうまくできないで、ずぅっと殺しっこという戦争をしてた。

それで、二一世紀に入って〝魂の時代〟、要するに、殺しっこやめるの。今だってどこどこで殺しっこやってますよ、っていうけど、そんなの第二次世界大戦の死傷者に比べたら、全然少ないんだよな。

――地域紛争はあるけど、世界じゅうで殺しっこするようなことは起きてないし、今後も起きないと。

そうそう。だから殺しっこの時代が終わって、大きくいって世界は経済に目覚めるようになってきたの。
いろんな形で経済を学ぶの、魂がその時期にきてる。
そのとき、人はこれからもっと長生きする。なんでかって、早死にしちゃうと、経済の勉強にならないんだよ。殺しっこしても、勉強にならない。

――人間が長生きして、いろんなことを学ぶ時期に入ったってことは、手離しで喜んでていいわけではなくて。長生きしても経済を学ばなかったら、苦しくなってくる、ってことでしょう。

そういうこと。もちろん、長生きして、いいこともあるよ、山ほどある。だけど、長生きするってことはさ、お年寄りが死なないということは、年金生活が長くなるうえに、そういう年金ぐらしの人が増えるんだよ。それと、医療費ももっと増える。このまま行くとだよ。

そうすると、その負担は若者に行くっていうけど、若者は収入がそんなにあるわけじゃないから、負担は絶対に若者には行かないんだよ。

若者は就職もできなくなってるんだよ。就職もしてない人間に負担なんかできないんだよ。てことは、企業に負担させるしかない。

そしたら、企業は、負担させられるんだったら海外に出てっちゃうんだよ。一個、デカい企業が海外に逃げれば、何千人、何万人って失業者が出るんだよ。

〈生かしっこの〝いい時代〟がくるけど、経済を学ばなきゃいけない——一人さん〉

——このまま行くと、たいへん。就職できない若者、年金もらうお年寄りが増えて、医療費が年々バカみたいにかかる。ほっとくと、この国はものすごい勢いで衰退して沈んでいく、ってことになりかねない。なんとかしなきゃ。

なんとかしなきゃ、っていったときに一番いいのは、お年寄も働ける、元気な世界が一番いいんだよな。

——つまり、健康で、年金をもらわなくても食べていける、「自分たちは、まだ働けるよ」っていう人間をどうやって作るか、ってことにかかってくるわけで。

だけど、国に頼りっきりではなんともならないよ。そんなこと、できっこない。

だいたい、年金ってもんを作ったとき、お年寄りはだいたい七五歳で死ぬつもりで、作ったんだよ、あれは。

だから国は、定年後の一〇年間ぐらいなんとか払えばいいと思ってたのが、今は平均寿命が八〇歳前後だよ。この先、九〇、一〇〇までどんどん寿命が延びるだろう。それ自体は、うれしいことなんだけど、そうなったら経済はどうなるか。

——みんな、早くそのことに気づかなきゃ。国に頼ってちゃいけない、って。

気づいて、経済に強い政治家も作らなきゃいけない。だけど、国民も経済に強くならないと。

——国民が経済に弱かったら、経済に強い政治家を選挙で選ぶことはできませんもんね。

そうだよ。だからこれからは殺しっこじゃない、生かしっこの〝いい時代〟

がくるけど、それと同時に、経済をちゃんと学んで、オレたち事業家も仕事だけじゃなくて、社会でしっかり稼いで税金をいっぱい払う人間を育成しないとエライことになるよ。

それで、経済って、ホントは難しくないいんだよな。

――でも、ごめんなさいね、経済学者がしゃべってる経済って、ほとんど難しすぎて、つまんない。一人さんから経済の話を聞いて、経済って本当はおもろくて、おもしろくてしょうがないものなんだ、ってわかったんです。だから、できたらね、一人さんが経済とはかくもおもしろいものだ、っていう本が出るといいな、って思ってるんだけど。

それでも、「おもしろくない」「つまんない」っったって、経済は学ばなきゃなんないからな。

それで、二〇世紀は戦争とイデオロギーの世紀だったけど……。

——イデオロギーって、考え方。共産主義でも何でも、どっちの考え方が正しいか、ってお互いいいあって戦争してたって、一人さんが教えてくれた。

だけど、これからはそうじゃない、考え方だけじゃなくて、経済がすぐれているほうが勝つんだよ。国でも、会社でも、男でも、女でも。

経済っていうのは、要は、お金のことだよ。お金の稼ぎ方、お金のつかい方をちゃんと、学ばなきゃならない。

事実上、生活するのに奥さんがサイフ握ってるんだよ、そんなのは当たり前の話なんだよ。わかるかい。

そうなったとき、女の人は経済に強いから、「これからは女性の時代がくるよ」って。

――一人さんは前から、わたしたち弟子にいっていた。女性の時代がくるよ、女性の時代がくるよ、って

そうだよ、女性のほうが経済に強いのに、そのことに男は気がつかないで、のんきにかまえてちゃダメなんだよ。

――それにしても男の人で、経済の勉強もしないで夢、語りたがる人いますよね（笑）。「一人さんみたくなりたいんです」とかさ。

それはありがたいことだと思ってるし、夢語るのは全然かまわないよ。でも、ふつうにしてて「ふつう以上になりたい」って、無理だよ。

だから、これからね、いち早く「経済なんだ」ってことを知って、経済の勉

強するとか、しないとな。

（神がやろうとしてることがあるんだよ——一人さん）

——大いなる神の御心にそって、この世は動いてる、って一人さんはいうじゃないですか。

あのさ、はなゑちゃん、さっきからオレ、気になってんだけど。何かのスイッチが入ってるけど、これは何かの話し合いなの？

——あぁ、これね、全然気にしないでいいです（笑）。

そうかい。ま、何でもいいけどさ。

オレは大いなる神のご意思で、この世の中は動いてると思ってる人間なんだよな。神がやろうとしてることがあるんだけど、それはオレたち人間に経済を学ばせよう、それから、人間関係を学ばせようとしてる。

——わたしたちは人間関係と経済、この二つを学びに地球にきてる。

そう。ただ、ちょっと前まで、人間の魂は全体的にうんと未熟だったから、自分と相いれないものを殺しちゃうとか、そういうことをずっとやってきたんだよな。

——自分の部族以外は殺しちゃおう、とか。

それがエスカレートしてきて、考え方が違うと殺しちゃう、っていう。最後、究極はそこまで行ったんだよ。そこまで行って「やめよう」って。

で、魂は今やっと、人間関係とか経済とかを学べる時代に入ったんだよ。

だからもう、ヘンな話、さっきまで数学の授業をやってて、次の授業が国語だったら国語をやるしかない。

それをいつまでも数学の教科書出してたら、それだけで怒られただろ。

――はい。

だから、次の授業の経済、学ばなきゃいけないよな。それで、もう今は、殺しっこの時代じゃない、助けっこ。人間関係をいかにうまくやるかって、実は助けっこなんだよ。

――ホントだ!! 助けっこしてたら、人間関係はうまくいくわ。

だろ。それでさ、東北であの震災があったときに、回教徒の人たちやなんかバァっときてカレーライス配ったりさ、いろんなことして被災者の人を助けてくれたじゃん。

そういうのを見てたときに、やっぱり同じ人間なんだな、とかさ。

――やさしいよね、回教徒の人もそうだけど、他の国の人も、みんな手かしてくれたよね。

一人ひとりはね、みんな、やさしいの。だから、いつまでもおかしな考え方、ひけらかしてる時代じゃないんだよ。要するに、「この考え方のために死んでもいい」とかっていう時代じゃないんだ、っていいたい。

その考え方のために死ななきゃいけないんだとしたら、そんなの真理でもなんでもないよ。

命より真理のほうが上だ、なんていうこと自体、真理じゃない。考え方より、命のほうが大切なんだよ。

——命ってさ、要するに、神ですよね。宇宙の中心にいる大いなる神の愛と光を分けてもらったのが人間のなかに入ってて、人間はみんな、神さまなんだ、未熟だけど神さまなんだよ、って一人さんはいうでしょ。

そうだよ。だから、自分を大切にし、人も大切にすることは、神を大切にするのと同じこと。

（若くて元気なら、生きてて楽しいじゃん——一人さん）

――自分を大切にするっていうと、秦の始皇帝の頃から人類は不老長寿の妙薬をずっと探して、探して、探し続けてて。そしたら、最近になって長寿遺伝子というのが発見された。

この遺伝子をスイッチ・オンにすれば健康で長生きできる、ってことがわかってきて、長寿遺伝子をスイッチ・オンにする方法もわかってきたんだよね。日頃の食事、食品でなんとかできる。実際問題、純ちゃんがよくなったとか、ゆうこりんのおかあさんとか、いろんな人の話が出てきてるわけで。

「おかげさまで助かりました」っていってもらって、オレもうれしい限りだよ。けど、具合悪くなる前から飲んでいて、いつまでも、もっと若くて元気でいられたらいいなぁ、っていうのが本来のサプリメントの考え方なんだよな。

――一人さんは、みんなにウチのもの買ってもらいたくて、こういうこといってんじゃないのよね。

オレがいいたいのは、薬と食品の違いってのは、薬というのは必ず病気になってから飲むもんなんだよ。

――薬って、毒をもって毒を制すみたいな、ところがありますからね。

だけど、食品っていうものはそういうのがないから、本来は予防というか、未病のうちに飲んどけばさ。

もっというと元気なうちから飲んでりゃ、病気も何も問題って起きないのが理想だよ。この、ずっと元気で若くいる、っていうのが究極のアンチエイジングなんだよ、って。それをいいたかったの。

それでさ、若くいると、それだけで楽しいじゃない？

――はい、それはもう。鏡見てるだけで楽しいです(笑)。

体が若返ってくると気持ちまで若くなって、「あれもやってみたい」「これもやってみたい」「若いカレ氏、カノジョを作ろうか」とかって考えてるだけで、ワクワクするしね。

そしたら、生きてて楽しいじゃん。それが命を大切にするってことだよ。

(だから、大いなる神は一人さんに
ひらめきをくれるんだと思う――はなゑ)

――一番いいのは元気なうちからのアンチエイジングだ、ってことなんですけど、みんなが元気で若々しく長生きできたら、今、一年で四二兆円かかってる医療費をうんと減らせますね。赤ちゃんから、お年寄りまで延べにすると、国民一人あたり年間三三万円かかってるんですもんね。

そうだよ。オレたちが目指してるとこは、まさにそこなんだよ。でさ、医療費のことでオレがいつもいうのは、医療費が年間そんだけかかるから、医療関係者ばっかし、いい思いしてる、っていうけど、そうじゃないんだよ。お医者さんやなんか今、苦しくってしようがないんだよ。

――どっか具合悪くなったとき、保険証持って病院に行ってお医者さんに診てもらって、帰りがけに窓口で「はい、いくらいくらです」っていわれてお金払うけど、あれは病院で値段を決めてるわけじゃなくて。

この薬はいくら、あの注射はいくら、この手術はいくらってお上が決めてる。

それで、あんまり医療費がかかりすぎるからお上は、段々、薬の値段下げたり、患者一人ひとりの出来高払いだったのが、一部、病気ごとの定額制にしたり。この病気はいくら、この病気はいくらって定価が決まってるから、お医者さんが患者のためにいろいろやってあげればあげるほど、病院は赤字になっちゃって。そうすると病院も経営が苦しいから、お医者さんは患者のために手を尽くすことが難しくなってきてる。

オレの知ってるお医者さんも経営が苦しくて泣いてるよ。

だから、今誰も潤ってないの。病人も苦しんでるし、国も苦しんでる、医療関係者も苦しいの。

それが、みんなが元気で病気が減れば医療費やなんかも減るから、そしたら、お医者さんやなんかだって、もっと充実した医療ができるんだよ。

だから、健康のためにお金をつかうんだったら、日頃アンチエイジングのことにつかえば、そのことで楽しくなったり、お年寄りでも働けるようになったり元気になれば、病院にも行かないようになったりするよな。

そうすると、病院に行く人が減るっていうと、「それじゃ、お医者さん、困っちゃう」っていうけど、そんなことといってる人は経済を知らない。

医療費がかかりすぎるから毎年、毎年、お医者さんがもらえるお金が減らされちゃうんだよ。

昔の患者が少なかった頃のほうが、お医者さんって豊かだったの、みんなベンツなんか乗っかってて。

――一人さんがそういうこというとさ、お医者さんが喜ぶ。一人さんの意見に賛同してくれるお医者さんが、結構、いっぱいいいて。

オレの知り合いのお医者さんたちも、「このままでは医療がダメになってつぶれちゃう」っていうんだよね。

――それって、患者が多すぎるのが原因。

患者が多くって、病院がメチャクチャ混んでると、医者は儲かってるかって、実は儲かってない。

――お医者さんやなんか、もらえるお金は削られちゃってるし。

それでもまだ今は、病院は赤字か、赤字すれすれで、医者もふつうの人より多く給料とってる。それって今だけだよ。

要は、今はまだ、医者が足りないから、ふつうの人より給料多くもらえるんだよ。

ここまでＯＫですね。

——はい。

そうすると、医者不足解消のために新たに医大を作ろう、ってことになるんだよ。医大をあと二、三個、余分に作っちゃうと、医者不足はなくなるの。で、医大を一個作るのにどのぐらいのお金がかかるかっていうと、二〇〇億ぐらいかかっちゃう。

——二〇〇億も!!

二〇〇億って、F2戦闘機が一機一二〇億だから、おおよそ二機分。

——F2戦闘機二機買わなきゃ、医大ってできないんだ。医大を作れば、医者不足は解消されると。

そうだよ。ただ、問題はそうやって医大を作った後なんだよ。歯医者さんの業界はそれを先にやったから歯医者の数って、今、すごく多いんだよ、コンビニより多いの。

――その結果、歯医者さんは今、お客の取りっこ。てことは、お医者さんだって、これから先、数が増えたら歯医者さんみたく、患者さんの取りっこになるから、医者の給料もさがってきちゃうってこと？

そういうこと。これが本当の経済の流れなんだよ。

じゃあ、本当は医者の数を増やすより、お医者さんの世話になる人の数が減ればいいんだよな。

そうすれば、医療費の問題だって解決しちゃうから、国民のためにもなるし、お医者さんだって、全部のためにいいんだよ。

――病院に行く人がどんどん増えてっちゃうと、この国は崩壊しちゃう。

だけど、大いなる神はこの国を崩壊させようとしてないんだよ、そんなこと、神は望んでないんだって。

――そうか、やっぱりそうだ！　間違いない。だから大いなる存在は、「ひとりさん青汁」だとか、「ひとりさんサプリ」みたいな、ひらめきを一人さんにくれてるんだ。

だから一人さんは、わたしたちが「こういうのあったらいいいな」っていった、その瞬間、「できるよ」って、わかるんだ。

さぁな。それはオレにはわからないけど。
オレがいいたいのは、ちゃんとした経済の目で見ないで、医療関係者、医者ばっかしがよくなって、っていうけど、よくなってないよ。ホントに、誰もよくなってないんだって。
病人もつらいんだよ。病気でつらい思いしてるし、このまま医療費が増えてったら国ももたないからって、何年か前に病院の窓口で支払う割合も増やされてんだよ。

（一〇〇年後に笑える話、山ほどあるよ――一人さん）

――わたし、前に病院で勤めてたけど、お医者さんって病人が少なかったときのほうが楽だったと思う。経済的にも肉体的にも楽。

あのな、病人もいいことないんだよ。病人が増え過ぎたら、医者だろうが、国だろうが、誰にとってもいいこと一つもない。ひとっつもないんだよ。

――だから、わたしたち、「自分で治せるものは自分で治しましょう」っていってるけど、お医者さんと敵対してるわけじゃないのよね。

そうだよ。そんなこと、経済を学んでりゃ、説明しなくたって、よくわかる話だよ。で、お医者さんていうのは、なくてはならない存在だからね。

それに、このまま医療費が増え続けていいと思ってるお医者さん、一人もいないの。増えれば増えるだけ、お医者さんがもらうもん、削られるんだから。

今だって病院は経営が苦しくて、お医者さんも必要な人数雇えなくて、一人のお医者さんが休む間もなくずっと働いてんだよな。

——わたしの知り合いのドクターがまさにその状態。たいへんよ、あんな責任が重くて、重労働でさ。だから、女医さんなんかはすぐお嫁に行っちゃって、辞めちゃうのよね。ホントにいるの、そういう人、知り合いに。

だから、オレたちの仕事は、国のためにもなるしね、お医者さんのためにもなるしね、みんなのためになるんだよ。

それで、神さまはこの国をつぶしたくないんだよ。だけど、神は常に正当なる努力を求めるからね。

——わたしたちも正当なる努力しなきゃいけないけど、お医者さんも、みんなもね、経済的な勉強をして、とか。

そう、神は常に、「強くなれ」ということをいうんだよ。弱いところを強くしなさいよ、って。

そうすると、たとえば、パニックになっちゃう、〝うつ〟になっちゃう人がいると、そういう人に「精神的に強くなりなさいよ」っていうんだよ。

だけど、精神的に強くなる以外にも、脳の栄養とかって必要なんだよ。そういうことを知らない人は栄養に弱いんだよ。最近、本でもテレビでもいってるしね。わかるかい。

多方面に強くなきゃいけない、っていってんだよな、オレは。

だから、パニックとか〝うつ〟って、精神的なものだけが原因じゃないんだよ。ちゃんと栄養のバランスもとらなきゃいけないんだよ。

――そういうことを知らないで、このストレス社会を生き抜こうって、無理。

だから、神は人間に頭つけてくれて、オレたちには知らないことを知るだけの智恵もあるんだよ。神は、目もつけてれば、鼻もつけてるんだよね。

それなのに、本も読もうとしない、聞こうとしない。わかるかい。それがいけないといってんだよ。

「強くなれ」っていうのは、ケンカが強くなる必要がある人もいるんだよな、いじめられてたりすると、空手習いに行ったり、することもあるよね。

だけど今、ほとんどの人が困ってるのは、隣のヤツが殴りにかかってくる、ということじゃないよね。人間関係を円滑にやるのが弱いとか、栄養に対して弱いとか。

で、今、国家全体としては経済に弱い。ものづくりは強いんだよ。だけど、経済には弱いんだよ。

それから、体のことでいったら、ヘンな話さ、一部の話だよ。母親がこうやって赤ちゃんの頭を「かわいい、かわいい」ってなでる速度に、すごい癒す力があることが最近わかってきたけど、わかる前から、昔っから人はそうやって子どもを治してきたんだよ。

――だから、「手当」っていうのね。

その力をまったく無視するって、あまりにも人間を知らなさすぎ。それって、人間の本来の癒す力を知らないんだよな。

――人を健康にするのは医者だけの仕事だと思ってる人が、いっぱいいる。

だけど、食品で健康になる部分、考え方で元気になる部分、手でさすって「手当」する部分、いっぱいあるんだよな。それを、薬しかないと思ってる、薬と手術だけにかたよっちゃってるって、オレにいわすとおかしい。

――人間が健康になる方法って、他にもたくさんありますもんね。

そうだよ、たとえば、鍼《はり》とかお灸とか、指圧、気功、温泉療法に食事療法、数え上げたらキリがないよ。

それなのに、一つに限って、それしか治る方法がないと思ってるほうがおかしい。それってさ、この宇宙にものすっごい数の星があるのに、地球にしか生命体がいないと決めつけてるようなもんで（笑）。

――地球にいるのに、他の星にはいないっていう考えは無理。他に星が五個ぐらいしかないいなら話は別だけど（笑）。

だから治し方にも、いろんな方法があるから、それを見直していかないといけないよな。薬で治る、放射線で治る、何で治る、一部だよ。それ以外の方法が山ほどあるんだよね、治す方法が。

それを取り入れないで、医者にだけ背負わせることによって膨大な医療費がかかってんだよね。それで、医者にだって苦手な部分ってあるんだよ。

――病気って、食事のバランスとか考え方を改善することも大切。だけど、病人が多すぎて、お医者さんはそういうきめ細やかな指導等ができなかったりするのよね。

それを、薬だけに頼る、っていう、その考えがこの国をおかしくしてるよな。でも、そんなこと、あと一〇〇年もすれば笑い話だよ。ホントに、笑える話って、いっぱいあるよ。

——たとえば、どういう笑い話があるの？

昔の船乗りやなんかは、航海の途中で死んでいく人が多かったんだよ。あとで、それはビタミンCが欠乏してたのが原因だってことがわかったんだけど。ただそれがわかる前から、上のクラスのヤツは死なないんだよ。なんでかって、紅茶にレモン入れてただけなんだよな。でね、朝鮮人の船乗りも死なないの。それはいつもキムチ食ってたから。中国人も死なないんだよ。あの人たち、お茶飲んでんだよ。お茶飲むのが好きだから（笑）。

——お茶にもビタミンCが入ってますもんね。今、みんなが当たり前と思ってることが、昔は誰も知らなかったんですよね。

それと同じことがいっぱいあるよ。あと一〇〇年したら笑えること、いっぱいある。

（人助けのための戦《いくさ》ができるって、うれしい。
やりがいがあって燃える――はなゑ）

――ともかく、三七兆円にまで膨れあがった医療費をなんとかしなきゃ、なんですけど。わたしたちとしては、「ひとりさん青汁」とか、「ひとりさんサプリ」ができたからって、あぐらをかいてていいわけではなくて、やっぱり正当なる努力をやってかなきゃいけないわけでしょう。

そうだね。だけど、一つも難しいことではないんだよ。大いなる神が「やれ」ということだけ、やってりゃいい。流れを変えればいいだけなの。

――難しくないって、一人さんにとってはでしょ。

でも、神さまのご意思に沿って生きていれば、楽しく道が開けるもんだよ。
で、信じたくない人は信じていただかなくて結構なの。
オレは、一人さんの意見に賛同してくれる人たちと、病人を減らそう、って
いう運動をやっていければいいと思ってる。運動っていうか、これはもう戦《いくさ》だ
な（笑）。誰も手をつけようとしないとこだから。

――戦っていったって、人助け。それがこの国を助ける。

それで、一人さんに賛同してついてきてくれる人たちが五人でも一〇人でも
いれば、うれしい。どうせオレ一人でもやるんだから。

――なんか、人助けのための戦ができるって、うれしい。やりがいがあって燃える。おもしろい！

退屈しちゃうこの世の中で、神はよくぞ、オレたちに、かくもおもしろいもんを与えてくれたって思うよ、ホントに。
これからが本番だ。これから、もっと、もっとおもしろいことが待ってる。

――師匠が決めてくれたところで、今回の師弟対談は終了です。

おい、はなゑちゃん、対談って、何だよ、それ（苦笑）。

――一人さん、ありがとうございました（笑）。

スペシャル付録

斎藤一人「楽しい万病一元論」

一人さんから、読者のみなさんへ、ビッグなプレゼントです。

一人さんが全国二万人の愛弟子さんのためだけに、
無償の愛で「楽しい万病一元論」というCDを作ってくれました。

本来、愛弟子さんのために作成したCDは門外不出、各地にある愛弟子勉強会でのみ聞けることとなっておりますが、

「人類が何千年も伝えてきた健康法をすたらせたくない」

という一人さんの思いから、特別にこの本のなかで、公表させていただくことになりました。

（CDをそのまま文に使用していますので、読みづらいところはご了承ください）

はじめに

はい、おはようございます。

今日は「楽しい万病一元論」っていう話をします。


この万病一元論っていうのはね、人類が何千年も昔からいい伝えてきた、ホントに楽しくてわかりやすい健康法です。

今、それが段々、段々、忘れられようとしてます。

もったいないことだと思ってます。


こんな楽しい健康法があるんだ。

こんな、わかりやすい健康法があるんだ。

毎日おトイレ行くたんびにね、自分で自分の健康をチェックできるって、ホントにいいことです。

もちろんね、今お医者さんにかかってる人は、そのままかかりながらできますし、ホントに楽しい健康法ですから覚えてください。

そして、自分が覚えたら、周りの人に教えてあげてください。

ホントに喜ばれると思います。

以上です。

間違いは無数にあるけど、答えは常に一個なんだ

今いろんな病気が、いくつもあるんですけれど。

病気っていうのは、体の間違いなんです。

だから、間違いってのは、ホントに無数にあるんです。

この前、ある大学の教授がいってたんですけど、答えは一個なのに、なんでこんなに間違いがあるんだろう。

っていうけど、間違いってね、何千種類も、何百種類もあるらしいんだよね。

無限に間違いの種類がある、っていうんだけど。

今、病名もどんどん、どんどん、こう増えちゃってて。

無限に病気が広がってるんだけど、それは間違いが広がってる、ってことで。

答えは常に一個なんだ、っていうことで、その答えの話をします。


病気の原因は何か。

万病は一元《いちげん》、一元ってのは一つの元である、っていうことをね、医学の祖であるヒポクラテスっていう方がいったんですけど。

その人にいわせると、「万病は血液なんだ」って。

血液がキレイなら、正常な血液が流れれば正常な細胞ができる。

正常な細胞ができれば、正常な体ができる。

だから、一心にしてこれ血液なんである――っていう話をしたんだよね。


ところが、漢方のほうでも万病一元論ってのがあって。

一つの原因だ、っていわれてるの。

で、その一つの原因ってのはなんですか？　っていったとき、それは腸の汚れである、って。


で、ヒポクラテスがいってる、「血液である」っていうんだけど、血液が何で汚れるかっていうと「食事である」っていう考えだったんだよね。

でも、漢方のほうでは万病は一元で、どんなにいいものを食べても腸が汚れていては、汚れているものと一緒に吸収してしまうんだ。

だから、腸の中をキレイにしなきゃいけない。

もちろん、食事のバランスをとる、ってことも大切なんだよ。

だけど、それを、腸の中をキレイにしていかなきゃいけないよ、っていうのが漢方的な考え方で。

宿便を取るとか、古便《ふるべん》を取るとかって、いい方をするんだけど。

えー、ちょうど、水道が断水になると、水道の水ってキレイだよね。ところが、断水になると水アカみたいのがいっぱい落ちてくるのね。

それって、水道管のところに、水アカみたいのがこびりつくのが、断水することによってはがれるんですよ。

それと同じこと利用してるのが、あの、断食療法っていうの。

で、断食しても便ってね、食べてないのに、「こんなに出るのか！」っていうぐらい出るんですよ。

七メートルの腸のなかに、こびりついてる便があるんです。

で、それが出てっちゃうと、スゴく、体の調子がよくなるよ、っていうのが漢方でいうところの万病一元論。

通常の食事をしながら、それができないだろうかできるんです！

で、わたしはこれを、通常の食事をしながら、食事のバランスをとりながら、それが出せないだろうか、っていうことを考えてきたんです。

それで、あの、「ひとりさん青汁」（仮称）っていうのを開発したときに、やっとこれでみなさんに自信もって勧められるものができたな、っていうぐらい、これが腸のなかがキレイになるんです。

で、この腸のなかがキレイになるって、どういうふうにして見分けるかっていうと。

中国人はこういうふうにいうんです、漢方ではこうなんです。

まず、スルっと出る。

で、スルっと出て、残便感がない。

で、拭いたときに紙につかない。

地球上の動物のなかで、便をした後、紙で拭くのは人間だけなんです。

すべての動物ってのは、腸の調子がいいときは、便がキレイなんです。だから、おしりが汚いということはないんです。

便がツルっと出て、おしりがキレイならいいんです。

それで、これ余談なんですけど。

便秘する人、下痢する人、こういうのを「あいつはケツの穴が小さい」って、いうんです。

出ても、下痢してて、細い便しか出ないんだ。

だから、「あいつはケツの穴が小さいから小物なんだ」っていう、いい方をするのね。

それは、おしりの穴が小さいというのは、太くてツルンとした便が出ない、というとことなんです。

それから、おトイレに入ってて、なかなか便が出ないというのも、中国人、漢方では腸がキレイ、とはいわないんです。


あのね、ホントに自分ではちょこっと便をしたぐらいなのに、のぞいてみたら、ほんとにこう、バナナみたいなすごい便がいっぱい出てた、っていうのが本来は正しいんです。

なぜかっていうと、地球上すべての動物は便をしてるときとか、オシッコをしてるときが一番油断するんです。

だから、なかなか出ないで、ずっとそうやって座っていたら、野獣におそわれることもあるし、天敵に襲われることもあるから。

健康な人っていうのは、ツルンと出て、スルっなんです。

で、ものすごい、気持ちがいいんです。

で、この状態だと、腸が常にキレイになってる。

で、腸っていうのはどれぐらい大切かっていうと、体の免疫の、七割がたは腸にあるんです。

それぐらい、腸を守らなきゃいけない、っていうことで。

で、その腸が調子がよければ、体の免疫力も上がるんです。

だから、万病一元っていっても、コレラだとか、ペストだとか、風邪だとか、インフルエンザとか、そういう菌性の病気もあるじゃないか、っていうけど。


腸がキレイだと血がキレイ。

血がキレイだと細胞がキレイ。

細胞がキレイだとキレイな体ができてきて健康になる。

そうすると同時に、今度、いろんな病原菌がきたとしても、免疫が強ければそれをやっつけられるんです。


よく、コレラが流行って国民の半分が死んだとか、っていうような話があるんだよね、昔。

ところが、半分の人は生きてたんです。

人間って、どんなに病気が流行っても、絶対に死なない人がいるんです。で、死なない人がいるから、営々と人間ってのは、こうやって、生き伸びてきてんだよね。

今はものすごく薬に頼る時代になってるけど、それがいけないんじゃないよ。それはそれで、お医者さんもがんばってるの。

だけど、我々としては、常に自分の免疫力を高める。それから健康にしていく。それではじめてね。自分のやることもしっかりやって、はじめて健康は得られるんだ。

で、健康とは何か、っていったとき。

わたしは、今は食事も何もちゃんと摂れてると思ってるの。

それなのに、これだけ間違いが多いのは、万病一元である腸がキレイになっていない。

で、腸をキレイにしなくちゃいけないと、わたしは思っているんです。

腸キレイ、って。

流れをよくして、残便みたいのをとっていくこと。


これは自分で、この話いっくら聞いても、みんな、わかんないと思うから、自分がまず実験してください。

で、実験したら、「あぁ、一人さんのいってること、正しいな」とか、「間違ってんじゃないか」とか、そんなの、すぐわかります。

だから、腸をキレイにしてください。


ただ、腸がうんと汚れてる人ほど、それがはがれてくるとき、詰まったりするんです。

詰まったら、「〇〇〇ドカン」とか、そういうの飲んでもらうか、浣腸してもらっても、しばらくすると取れます。

で、何回かに分けて、そのボロボロの、変な便が出ることがあります。それを覚えといてください。

逆にいうと、ドロドロの汚い、コールタールみたいな便が出る人もいます。

でも、いずれにしろ、それも腸の汚れです。

パサパサでくっつく人と、ドロドロでくっついてる人がいる、ってことです。それが出ちゃうとすごい、気持ちがいい、っていうことです。

で、そのことを覚えといてください。

年とってくると何もしなくても疲れる、その原因は……

それと、それとは別に、人間って、「老化」ってのがあるんです。

で、最近、サーチュイン遺伝子っていって、自分の体を若返らせるような、若返らせるっていうより、長寿にもっていく遺伝子が見つかったんです。

で、その遺伝子をスイッチオンにすることができるようになったんだよね。

で、年とってくると、何もしなくても疲れるっていうのは、細胞のなかにあるミトコンドリアっていうのが熱（エネルギー）を出すんですけど、それが、年をとってくると数が減ってくるんです。

で、減ってくるだけじゃなくて、その年とった、ミトコンドリアが活性酸素を出すんです。

そうすると、朝起きたときから疲れてる状態になっちゃうんです。

だから、そういうのを、スイッチオン、要するに、長寿遺伝子をスイッチオンにするために、「ひとりさんサプリ」ってのが出てるから。

それと一緒に摂ることを勧めてるんです。

だから、腸の中をキレイにすることと、それから、若返りスイッチをオンにすることは、ほんとに両方、大切なことだと思うんです。


それで、これから長寿社会に向かうから、その長寿社会っていっても、寝たきりだとか、病気だとかで生きてても、つまらないです。

やっぱり、健康で、若くて、それから肌もキレイで。

楽しいことしたり、旅行したり、恋したりね、これから、そうやって生きていかないとね。

これから、みんなで若い人に頼って、っていっても無理です。

こんだけ大勢の年寄を抱えることはできないです、支えることもできないから、みんなが、自分たちで健康になる。

それがもう、自分たちにもしあわせだし、みんなにもしあわせだし。

ホントにこのまま行くとね、医療費で、この国は破たんしちゃうかもわかんないぐらいね、医療費がかかってるんです。

だから、みんなで健康になっていこう。


で、万病は一元であるんだ、って。

どの病気、どの病気、たとえば、何ていうのかな？　ウチの「ひとりさん青汁」のなかにね、何々を下げる成分が入ってるわけでもないんだよね。何々を治す成分が入ってるわけでもないの。

それなのに、みなさん、「調子よくなった」「調子よくなった」って。

いろんな人が調子よくなったっていうのは何でですか？　って、腸がキレイになるからなんです。

なんで腸がキレイになるだけでこんなに調子がよくなるのか。

っていっても、みなさん、わかんないと思うんです。

これ、試してみた人にしかわかんないから、信じた人だけやってください。

それで、やってみればすぐわかること。

やってみて、「あ、これは嘘だ」と思ったらやめればいいだけだよね。

まず試してみてください。

青汁って、体にいいものだからね。

何か一つぐらい健康を維持することをやったほうがいい。

それで、「ああ、こんな素晴らしいものを作るところの『ひとりさんサプリ』っていうのがあるんだったら」そういう気持ちで構いません。

ともかくは、腸をキレイにしましょう。

これからね、「ちょうきれい〇〇〇ギール使命の会」みたいのを作ろうと思って。

みんなで集まってね、楽しくやっていきましょう。

以上です。

大事なこと、いい忘れました

はい、追伸でーす。

一つ、いい忘れたんですけど。

腸がどのぐらいキレイかっていうことの、もう一つの目安が、便に臭いがない、ということなんです。変な臭いがしないんです。

スルっと出る。それで、いっぱい出る。気持ちよく出る。そのうえに臭いがないんです。

あの、この前もテレビでやってたんですけど、ホントに長寿の国に行ってお年寄りの入った後のおトイレを調べてみると、若い人より全然臭わないんです、ほとんど臭いがないんです。

で、その、臭いがなくなるってことが、キレイな便だよ、っていう証拠みたいなもんですから、それも一つ目安のなかに入れてください。

それともう一つ、あの、こういう話があるんですね。

お年寄りやなんかを介護してる人も、介護されてるほうも、それから家族も、便の臭いが、ホントに困るらしいんです。

それで、介護する人もそうなんだけど、される側の方がすごく気にしちゃって、段々、段々、それが迷惑がかかるって、食べなくなっちゃう人もいるらしいんです。

この前聞いた話も、若い男の子がケガしちゃって、便を取ってもらうことになったらしいんだけど、大部屋で自分がクサい便をするとみんなに迷惑がかかるからって、ご飯を食べなくなっちゃった子がいるらしいんです。

ところが、便って臭いがなきゃ、別に困ったものではないらしいんですよ。

腸がキレイになって、便の臭いがなくなって助かった、家庭が明るくなったって人がたくさんいます。

ホントに臭いって、大切だし。

また、便がスルっと出て、臭いのないような人ってね、体臭もほんとに弱いんです。

口臭も弱いし。

だから、臭いで悩んでる人っていっぱいいるんですね。

介護してる人もそうだし、介護されてる人もそうだし。

そういう意味で、常に腸をキレイにするって大切なことだと思います。

みんなに必要な話、追加します

はい、追伸の追伸でーす。

なんか聞きづらいテープになっちゃってすいません。必要なことなんで入れさせてください。

万病一元論っていうと、あぁ病気だけのことなんだ、っていうけど、漢方ではそういうことではないんです。

たとえば、腸がキレイになると腰痛が治っちゃった人とか、ひざが痛いのが治っちゃった人、病気じゃないことにも影響が出てくるんです。

よく、腰が痛いとかって骨のせいとか、筋肉のせいとかっていう人もいるんだけど。

腰がほんとにこう曲がっちゃってるおばあちゃんとか、足がこう、形が変わっちゃってる人でも、痛くない人っていっぱいいるんです。

だから、腸がキレイになることによって腰とか、そういうのは、漢方では悪い水とか、それから、汚れた血がたまってる、っていうんです。だから、腸がキレイになると、それがよくなっちゃうことがいっぱいあるんで。

よく「不思議だ」っていわれるけど、不思議なことではないです。当たり前なんです。

必ずね、腸がキレイになると、いろんなところがよくなるよ、っていう話すると、必ず、何々にはどうでしょう、何々にはどうでしょう、って聞くんですけど。

これは「一つの原因だよ」っていうのが万病一元論っていう考え方なんです。だから、何々の病気はどうでしょう、っていうこと自体が、おかしいんだけど。

みなさんも必ずそういうこと聞かれると思うんだけど。

腸をキレイにすることによって体全体のバランスをとる、っていう考え方なんです。

だから、万病一元論においては、何々にはどうでしょうとか、何にはどうでしょう、とかっていうのは、本来ないんです。


だから、とりあえず自分がやってみて、よければ続ければいいし、ダメならやめればいい、っていう軽い気持ちでやること。

これが万病一元論のコツだと思いますから。

ともかく、試してみることです。


腸がキレイになることで悪いことは一つもないです。

だから、まずは、それを試してみればいいんです。

だから、いろんな病気とか、病名、つくかもしれませんけど、それはしょせん、体の間違いなんです。

その間違い、正しい答えは腸をキレイにする、っていうことですから。

で、腸がキレイになれば血液がキレイになる。

血液がキレイになれば、細胞がキレイになる。

細胞がキレイになれば、キレイな体と、そして病気のない健全な体ができる。

というのが、漢方の、昔からの考え方ですから、こういう考え方もあるんだ、っていうことで一回試してみるといいです。

どうもありがとうございまーす。

ホント、すいません、また追伸

はい、追伸の追伸の追伸です。

すいません、ホントに聞きづらくて申し訳ないんですけど、大切なことです。

よく、あの、これ、お医者さんがこれをいってるんですけど。

ガンになる人に特徴がある、って。

それは、腸内の菌バランスを調べると、ホントに悪い菌が圧倒的に多くなっちゃってるんだ、っていうんですよね。

俗にいう、それをガン体質じゃないかと、わたしは思ってます。

で、ホントに腸をキレイにするっていうことが、ガン体質からの脱却の一つで、大切なことだと思います。

それと、今ガンで苦しんでる人も、腸をキレイにするっていうことは、お医者さんと対立するようなことじゃなくて、お医者さんも望んでることだと思います。

いろんなね、薬を飲んでる人、いろんな治療を受けてる人もいると思うんだけど、自分の体のなかをキレイにする。

そのほうが、すべてにおいて、いいことは確かですから、勇気をもって挑戦してみてください。

これでホントに最後です

はい、もう一個だけ追伸、入れさせてください。


これも漢方でいわれてる話なんですけど。

腸のなかがキレイになると、体にたまっている体毒《たいどく》というのを、デトックス効果で押し出すんです。

で、一番多い例が、白くにごったようなオシッコが出たり、濃い黄色のオシッコが出る、って方が一番多いです。

あと、もう一つ、体のなかにたまってる体毒を皮膚から押し出してくるんで、具合の悪いところとか、そういうところがプップッとか、赤い、かゆい湿疹が出る、っていう人が多いです。

それも一過性だ、っていわれてるから、そんなに長くかかるものじゃないんです。

あともう一つ、おもしろいのが、何十年も前、子供のときとかにブランコから落っこったとか、何かでぶつけて打撲しただとか、腰打ってるとかいうと、その打った場所が、細胞の配列がグチャッとなったまま治っちゃってるんです。

それが、元の配列、キレイな配列に戻るときに、独特の痛みとか、鈍痛みたいのがする、っていう人が多いです。

こういうのって、全員がなるわけじゃないんですよ、もちろん、ね。

なる人とならない人がいるんだけど。

これはみんながね、意外と、逆に楽しみに待ってるもんです。なかには「わたしは出なかった」っていう人もいるし、「わたしは出た」っていう人もいるんだけど。

いずれにしろ、体のなかから悪いものが出て消えていくよ、っていわれてますから。

ホントにね、何千年の経験のなかからいわれてることですから、みなさん逆に、楽しみに待っててください。

えー、ありがとうございます。

おわりに

最後まで読んでいただいて、ありがとうございます。

本当にあった、一人さんの奇跡の話、たくさん紹介させていただきました。

こういうことを知ったうえで、一人さんが書いた本であるとか、弟子たちが書いた本をあらためて読み返したりすると、一人さんの精神論をもう一つ違った角度からながめられるのではないか、より一層深いところで一人さんの生きざまをお伝えできるのではないか、と。

そんなことを考えながら、舛岡はなゑ、精魂こめて書きしたためました。

ただ、何ていうんでしょう、わたしからしたら、言葉を超越してるんです、生きてる一人さんは。

なので、みなさんに、どのぐらい一人さんの生きざまをお伝えできたか、ちょっと気になるところではありますが。

いずれにしろ、わたしとしては、まだまだ一人さんのこと、すべてを語りつくした感がございません（笑）。

それに、ここでは紹介できなかった一人さんの不思議すぎるエピソードも、まだまだ、無尽蔵にある。

たとえば、仕事のこととかで、誰かにアドバイスすると、その人がトントン拍子にうまくいってしまったり、出世してしまったりとか……。いろいろあります。

というワケで、また近いうちに、本という形で、一人さんとみなさんが出会うことになる予定です。

すでに次回作のテーマも決まっていますが、今はまだナイショ♥
どうぞ、楽しみに、ワクワクしながらお待ちくださいね。
では、みなさん、そのときまで。
ありがとうございました。

舛岡　はなゑ

SPECIAL THANKS

この本は、次にご紹介するみなさまのご協力、ご声援を得て誕生しました。

真船社長以下、ＫＫロングセラーズのみなさま、ならびに制作スタッフの道井さゆりさん。

柴村恵美子さん、みっちゃん先生、宮本真由美さん、芦川勝代さん、芦川裕子さん、遠藤忠夫さん、宇野信行さん、千葉純一さんら仲間たち。

はなゑ隊スタッフ・取扱店さんをはじめ、全国のまるかんのみなさま、一人さんの愛弟子のみなさま。

わたしの家族。

そして、そして、わが師匠、斎藤一人さん。

この場をお借りして、みなさまに感謝いたします。
はなゑより、心からの愛をこめて——。

ひとりさんとお弟子さんたちのブログについて

斎藤一人オフィシャルブログ

（一人さんご本人がやっているブログです）

https://ameblo.jp/saitou-hitori-official

お弟子さんたちのブログ

柴村恵美子さんのブログ

https://ameblo.jp/tuiteru-emiko/

舛岡はなゑさんのブログ

【ふとどきふらちな女神さま】

https://ameblo.jp/tsuki-4978/

銀座まるかん　オフィスはなゑのブログ

https://ameblo.jp/hitori-myoudai-hana/

みっちゃん先生ブログ

https://ameblo.jp/genbu-m4900/

宮本真由美さんのブログ

https://ameblo.jp/mm4900/

千葉純一さんのブログ

https://ameblo.jp/chiba4900/

遠藤忠夫さんのブログ

https://ameblo.jp/ukon-azuki/

宇野信行さんのブログ

https://ameblo.jp/nobuyuki4499

高津りえさんのブログ

http://blog.rie-hikari.com/

おがちゃんのブログ

https://ameblo.jp/mukarayu-ogata/

楽しいお知らせ

無　　料　ひとりさんファンなら
一生に一度はやってみたい
「大笑参り《おおわらい》」
ハンコを9個集める楽しいお参りです。
９個集めるのに約7分でできます。

場　　所：ひとりさんファンクラブ
（JR新小岩駅南口アーケード街　徒歩３分）
電　　話：03-3654-4949
年中無休（朝10時～夜7時）

≪無料≫　金運祈願　恋愛祈願　就職祈願　合格祈願
健康祈願　商売繁盛

ひとりさんファンクラブ

住　所：〒124-0024　東京都葛飾区新小岩1-54-5
ルミエール商店街アーケード内
営　業：朝10時～夜7時まで。
年中無休　電話：03-3654-4949

各地のひとりさんスポット

ひとりさん観音：瑞宝山　総林寺
住　所：北海道河東郡上士幌町字上士幌東4線247番地
電　話：01564-2-2523

ついてる鳥居：最上三十三観音第二番　山寺千手院
住　所：山形県山形市大字山寺4753
電　話：023-695-2845

観音様までの楽しいマップ

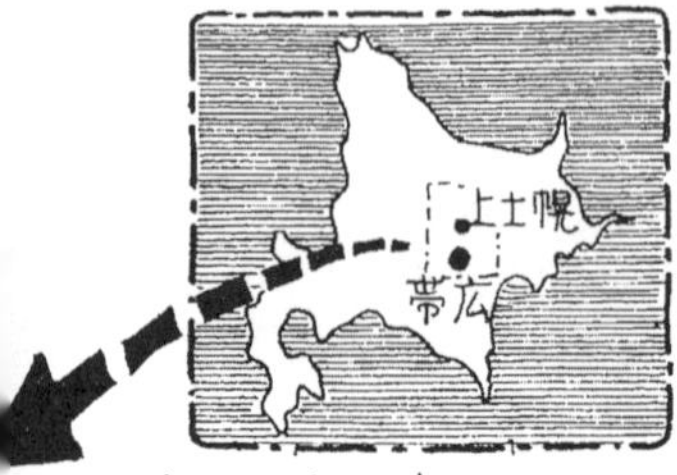

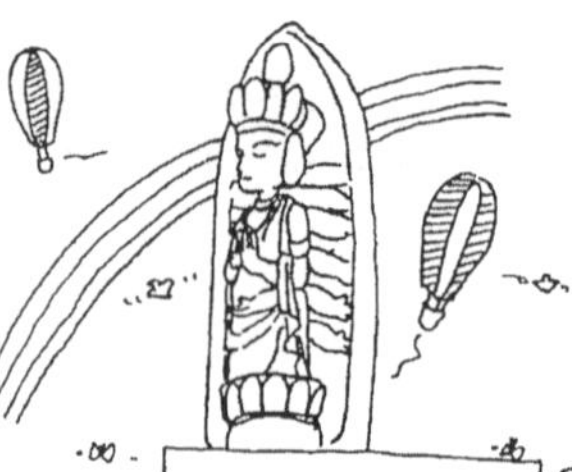

★観音様

ひとりさんの寄付により、夜になるとライトアップして、観音様がオレンジ色に浮かびあがり、幻想的です。

この観音様は、一人さんの弟子の1人である柴村恵美子さんが建立しました。

①愛国←→幸福駅

『愛の国から幸福へ』この切符を手にすると幸せを手にするといわれスゴイ人気です。ここでとれるじゃがいも野菜・etcは幸せを呼ぶ食物かも!特にとうもろこしのとれる季節には、もぎたてをその場で茹でて売っていることもあり、あまりのおいしさに幸せを感じちゃいます。

②十勝ワイン(池田駅)

ひとりさんは、ワイン通といわれています
そのひとりさんが大好きな十勝ワインを売っている十勝ワイン城があります
★十勝はあずきが有名で『赤い宝石』と呼ばれています。

③上士幌

上士幌町は柴村恵美子が生まれた町。そしてバルーンの町で有名です。8月上旬になると、全国からバルーンミストが大集合。様々な競技に腕を競い合います。体験試乗もできます。ひとりさんが安全に楽しく気球に乗れるようにと願いを込めて観音様の手に気球をのせています。

④ナイタイ高原

ナイタイ高原は、日本一広く大きい牧場です。牛や馬、そして羊もたくさんいちゃうのヨ。そこから見渡す景色は雄大で感動!!の一言です。ひとりさんも好きなこの場所は行ってみる価置あり。

牧場の一番てっぺんにはロッジがあります(レストラン有)。そこで、ジンギスカン焼肉・バーベキューをしながらビールを飲むとオイシイヨ!とってもハッピーになれちゃいます。それにソフトクリームがメチャオイシイ。2ケはいけちゃいますヨ。

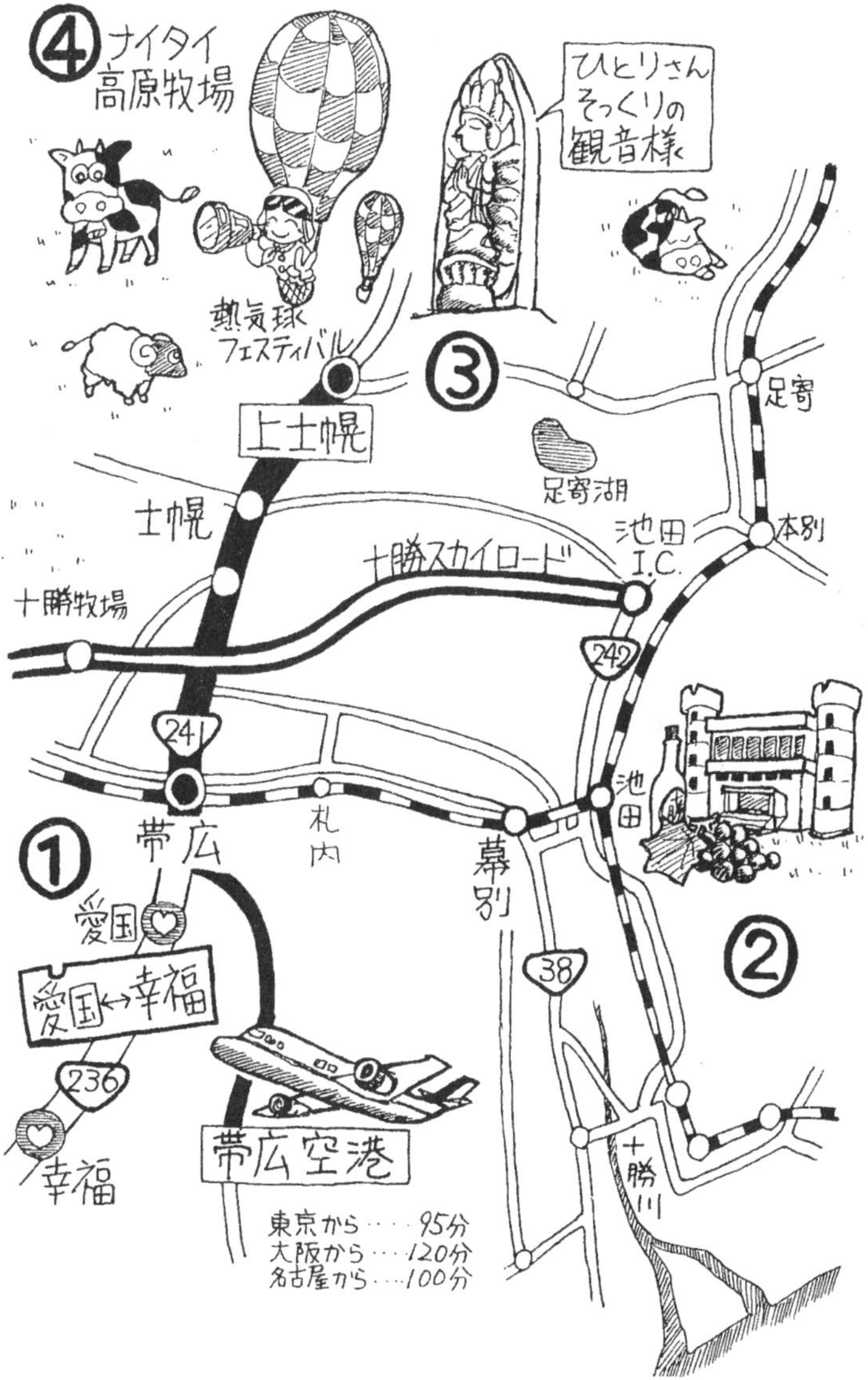

④ナイタイ高原牧場
熱気球フェスティバル
ひとりさんそっくりの観音様
③
上士幌
足寄
足寄湖
士幌
池田I.C.
本別
十勝スカイロード
十勝牧場
242
241
池田
帯広
札内
幕別
①
愛国
愛国↔幸福
236
幸福
38
②
十勝川
帯広空港
東京から……95分
大阪から……120分
名古屋から……100分

斎藤一人さんのプロフィール

東京都生まれ。実業家・著述家。ダイエット食品「スリムドカン」などのヒット商品で知られる化粧品・健康食品会社「銀座まるかん」の創設者。1993年以来、全国高額納税者番付12年間連続6位以内にランクインし、2003年には日本一になる。土地売買や株式公開などによる高額納税者が多い中、事業所得だけで多額の納税をしている人物として注目を集めた。高額納税者の発表が取りやめになった今でも、着実に業績を上げている。また、著述家としても「心の楽しさと経済的豊かさを両立させる」ための本を多数出版している。『変な人の書いた世の中のしくみ』『眼力』(ともにサンマーク出版)、『強運』『人生に成功したい人が読む本』(ともにPHP研究所)、『幸せの道』(ロングセラーズ) など著書は多数。

1993年分——第4位	1999年分——第5位
1994年分——第5位	2000年分——第5位
1995年分——第3位	2001年分——第6位
1996年分——第3位	2002年分——第2位
1997年分——第1位	2003年分——第1位
1998年分——第3位	2004年分——第4位

〈編集部注〉

読者の皆さまから、「一人さんの手がけた商品を取り扱いたいが、どこに資料請求していいかわかりません」という問合せが多数寄せられていますので、以下の資料請求先をお知らせしておきます。

フリーダイヤル 0120-497-285

本書は二〇一一年一二月に弊社で出版した
書籍を新書判に改訂したものです。

斎藤一人
奇跡連発 百戦百勝

著　者　舛岡はなゑ
発行者　真船美保子
発行所　KK ロングセラーズ
東京都新宿区高田馬場 2-1-2　〒 169-0075
電話（03）3204-5161(代)　振替 00120-7-145737
http://www.kklong.co.jp
印　刷　大日本印刷(株)
製　本　(株)難波製本

落丁・乱丁はお取り替えいたします。
※定価と発行日はカバーに表示してあります。
ISBN978-4-8454-5097-8　C0230　Printed In Japan 2019